臺灣歷史與文化 研究輯刊

十九編

第 2 冊

清末台灣洋務運動之研究（1874～1891）（下）

吳重義 著

花木蘭文化事業有限公司

國家圖書館出版品預行編目資料

清末台灣洋務運動之研究（1874～1891）（下）／吳重義 著 --
初版 -- 新北市：花木蘭文化事業有限公司，2021〔民110〕
目 2+176 面；19×26 公分
（臺灣歷史與文化研究輯刊 十九編；第 2 冊）
ISBN 978-986-518-450-6（精裝）
1. 自強運動 2. 清代 3. 臺灣史
733.08   110000664

ISBN-978-986-518-450-6

9 789865 184506

臺灣歷史與文化研究輯刊
十九編　第 二 冊
　　　　　　　　　　　ISBN：978-986-518-450-6

清末台灣洋務運動之研究（1874～1891）（下）

作　　者　吳重義
總 編 輯　杜潔祥
副總編輯　楊嘉樂
編　　輯　許郁翎、張雅淋　美術編輯　陳逸婷
出　　版　花木蘭文化事業有限公司
發 行 人　高小娟
聯絡地址　235　新北市中和區中安街七二號十三樓
　　　　　電話：02-2923-1455 ／傳真：02-2923-1452
網　　址　http://www.huamulan.tw 信箱 service@huamulans.com
印　　刷　普羅文化出版廣告事業
初　　版　2021 年 3 月
全書字數　261625 字
定　　價　十九編 23 冊（精裝）台幣 60,000 元

清末台灣洋務運動之研究（1874～1891）（下）

吳重義　著

目

次

下　冊

第四章　後期洋務運動的基本改革

第一節　台灣建省

一、建省過程

　　台灣建省的建議：早在乾隆二年 4 月 11 日（1737 年）距清朝領台僅五十四年，內閣學士兼禮部侍郎吳金奏請建省：

> 臺郡孤懸海外，雖為彈丸一府，而控制□洋，近則為江、浙、閩、
> 粵之保障；遠則為燕、齊、遼□之應援。南北萬里，資其扼要〔註1〕。

台灣雖為海外孤島，但控制海洋，在國防上有極重要的地位，不能不注意經營。又

> 該府自歸化以來，既設守□，以司吏治；又設巡道，以總紀綱；復
> 遣臺臣，以□□勸；且有總兵官，統轄將弁，分守要區，制度□□
> 可稱周備。而往往匪類發動，有不時之虞。……皆因地方官平時既
> 不能撫循，臨事又不能綏輯，一味欺隱廢弛，釀成事故者，惟文職
> 為甚。蓋各省州縣官之積習，總以因循掩護為能，而其吏役幕賓，
> 亦皆以粉飾朦朧相尚。……
> 況台□遠隔重洋，督撫不能巡歷，益可任其朦□。……但地方遇事，
> 武職雖有擒捕之□，□職反有牽制之心，或呈報之時，武職雖據實
> 具□，文職復諱重為輕。督撫遠阻風濤，既無從深悉其事，欲據詳

〔註 1〕《明清史料戊編》，第一本，國立中央研究院歷史語言研究所史料叢書，中華民國 42 年 3 月初版，頁 40。

辦理，而文武互異，輕重懸殊，批駁往還稽時日，必致貽悞。巡查雖有稽查之任，無辦理之權，其勢不能節制；且題奏咨移皆由府縣傳遞，不無沈擱阻撓，上下因循，及至釀成事故，雖嚴加處分，而勞師動眾，已大費籌畫。

伏思台郡為外洋門戶，邊海藩離，其一應撫□安戢，尤須先事預籌，以期寧謐鞏固，更□□地州縣可比，似此玩愒成風，名雖隸於督撫，實有鞭長莫及之虞。

臣之愚見，似宜將台□□，另分一省，專設巡撫一員，帶兵部侍郎銜，□□台灣〔註2〕。

十八世紀中期，清廷內閣學士吳金「並未親到台灣，因親友在彼服官，臣留心防□，得以備悉其詳」〔註3〕，乃提出台灣另分一省，專設巡撫的建議，但乾隆皇帝於乾隆二年4月15日，對於吳金的建議，認為「應無庸議」，理由如下：

查台灣地戶，遠在海外，是以武員則設有總兵，文員則特遣御史，並設道府等官，以資彈壓，以重海□，□一應軍務機宜，並地方事件，仍聽內地督□□制辦理，立法已為周備，若謂總兵等官，不□彈壓，必須添設巡撫，而巡撫體制，不能統□總兵，勢必又請添總督而後可。以彈丸之地，□屬不過一府四縣，而竟改為省制，於體不可，於事無益〔註4〕。

於是，台灣建省之議，經過了百餘年，直到十九世紀後期，日本出兵台灣（1874年）事件，揭開了台灣的重要性與台灣地位不定的危險性，為了鞏固海疆，台灣建省的問題才成為一項重要的政治問題。

牡丹社事件後，沈葆楨為強化台灣之行政系統，建議福建巡撫移駐台灣，同時認為「台灣別設一省，苦於器局未成，彼此（閩台）相依，不能離而為二」，此時雖然還沒有足夠的條件另建一省，但已有「分閩台為二省之意」〔註5〕。此後，台灣建省之議乃繼續不斷地醞釀，其中有主張派重臣督辦與建省二派。

〔註2〕同上，頁40～41。

〔註3〕同上，頁41。

〔註4〕同上。

〔註5〕蕭一山：《清代通史》，台北，台灣商務印書館，中華民國52年，台初版，頁955。

（一）重臣督辦派

光緒二年6月，御史林拱樞上奏：

> 台灣繫全國安危，現辦撫番開山事宜，係屬創始，關係甚重，必須
> 重臣親臨調度，方有裨益〔註6〕。

是時任福建巡撫的丁口昌，在渡台之前，亦主張：

> 速派咸望素知兵重臣，駐台督辦〔註7〕。

（二）建省派

刑部侍郎袁保恒（表申三子，袁世凱族伯），於12月上奏：

> 台灣僻處海澨，物產豐饒，民番偪處，非專駐大臣，鎮以兵威，孚
> 以德意，舉民風、吏治、營制、鄉團，事事整頓，未易為功。……
> 請改福建巡撫駐台灣，而以總督辦福建全省事，各專責成〔註8〕。

但直隸總督李鴻章卻力言建省並非妥策，他說：

> 改福建巡撫為台灣巡撫，雖事有專屬，而台地兵事餉源，實與省城呼
> 應一氣，分而為二，則緩急難恃，台防必將坐困，亦非計之得者〔註9〕。

不論派重臣督辦或建省，此二種建議清廷都僅交部議，未能真正實行。

荏苒十年，及中法之戰，法艦攻福州基隆，台灣之危機及重要性，始復為時人所注意。光緒十年，中法戰爭末期，馮子材、潘鼎新，向清廷報告軍事勝利的消息時，光緒帝卻下休戰之令，其理由為：

> 戰爭益無把握，縱再有進步，越地終非我有，而全臺隸我版圖，援
> 斷餉絕，一失難復〔註10〕。

因中法戰爭等對台灣情勢的再度嚴重壓迫，加上洋務派要員沈葆楨、黎兆棠、丁日昌、劉璈等，親歷台灣直接見聞，對當時統治層一定形成有力的輿論局面。所以，台灣建省不僅是中法戰爭之際，法軍侵略台灣北部，這一外壓因素直接影響外，對當時台灣的緊迫情勢，如何對應及善後處理的意見，包括

〔註6〕台灣銀行經濟研究室編印：《清德宗實錄選輯》，台灣文獻叢刊第一九三種，頁25。
〔註7〕國立故宮博物院輯：《道咸同光四朝奏議》，第七冊，頁3109。
〔註8〕《道咸同光四朝奏議》（七），頁3133～3134。
　　　或見《清史列傳》，卷53，袁保恒，頁12～15。
〔註9〕《道咸同光四朝奏議》（八），頁3163～3164。
〔註10〕王彥威、王亮編算：《清季外交史料》，台北文海出版社，中華民國52年3月，卷55、56。

建省在內，非常盛行。其中以欽差大臣督辦福建軍務的左宗棠為洋務派的有力者，上奏有關「遵旨籌議海防事宜」，力陳建省之議：

> 今日之事勢以海防為要圖，而閩省之籌防以台灣為重地。台灣雖設
> 有鎮台，一切政務必稟承督撫，重洋懸隔，文報往來，平時且不免
> 稽遲，有事則更虞梗塞。如前次法人之變，海道不通，諸多阻
> 礙；……以形勢言，孤峙大洋，為七省門戶，關係全局，甚非淺顯，
> 其中如講求軍備，整頓吏治，培養風氣，疏濬利源，在在均關緊要，
> 非有重臣以專駐之，則辦理必有棘手。以臣愚見，惟有如袁保恒所
> 請，將福建巡撫改為台灣巡撫，所有台澎一切應辦事宜，概歸該撫
> 經理，庶事有專責，於台防善後，大有裨益〔註11〕。

左宗棠雖然沒有親歷台灣考察，然而他對清末台灣的認識遠在其他洋務官僚之上。他嚴厲批評推動台灣初期洋務運動的官僚，如王凱泰、沈葆楨、丁日昌對經營台灣政治決策上的見解，他說：

> 臣合觀前後奏摺，督撫大臣謀慮雖周，未免各存意見。蓋王凱泰因
> 該地瘴癘時行，心懷畏怯，故沈葆楨循其意，而改為分駐之意。丁
> 日昌所請重臣督辦，亦非久遠之圖，皆不如袁保恒事外旁觀，識議
> 較為切當〔註12〕。

依左宗棠之見解，台灣建省事宜，在沈葆楨渡台處理日本出兵侵略台灣之事件時，就應下定台灣建省之決策。影響此項決策的因素，左宗棠指摘這是有關之洋務官僚「各存意見」所致。其中以王凱泰因台灣瘴癘時行，心懷畏怯的因素，影響沈葆楨主張建省的意見，而改為巡撫分駐的政策。

左宗棠主張台灣建省的政治理由，認為在十九世紀末期的國際政治局勢中，台灣的地位對中國有極重要的影響，為抵抗西洋帝國主義的侵略，中國必需講求海防，而台灣以形勢而言，孤峙大洋，為七省門戶，關係全局，因此基於國防的觀點之考慮，或是為確保南北洋務運動之成果，提昇台灣的政治地位為必要的政策。

基於政治上的需要，台灣必需建省，但是，以前的洋務官員認為台灣建省的條件不足，如果勉強建省，一定會產生許多問題，特別是財政困難，可能導致省政無法推行。左宗棠對於這個疑慮，提出了具體的見解認為：

〔註11〕羅正鈞：《左文襄公年譜》，台北文海出版社，中華民國56年，頁868。
〔註12〕同上。

　　夫台灣雖系島嶼，綿互亦一千餘里。舊制設官之地，祇海濱三分之
　　一，每年物產關稅，較之廣西貴州等省，有盈無絀。倘撫番之政，
　　果能切實推行，自然之利，不為因循廢棄，居然海外一大都會
　　也。……主該地產米甚富，內地本屬相需，若協濟餉項，各省尚通
　　有無，亦萬無不為籌解之理〔註13〕。

左宗棠認為從經濟上的條件而言，台灣具備充分的建省條件。因為以台灣濱
海三分之一的土地，每年的物產和關稅，比廣西、貴州等省還要充裕，如果
後山好好經營，其自然之利更是雄厚；如果政治上的發展，能夠配合經濟上
的發展，台灣日後必是「海外一大都會」。

　　左宗棠對清末台灣經濟上的具體認識，認為台灣有充分的建省條件，
對清廷決定台灣建省之決策，可能有很大的影響。根據實際上的資料顯示，
當時台灣「每年物產、關稅」的確充裕；下表是 1880～1886 年間，台灣主
要出口物（茶、糖、樟腦）之出口總值、關稅收入，和轉口貿易之詳細情
形：

表 4-1　1880～1886 年台灣出口總值、關稅、轉口貿易情形表 單位：海關兩

年　代＼項　目	物產（茶、糖、樟腦）出口總值	關　稅	轉口貿易
1880	4,874,355	554,427	930,000
1881	4,160,960	538,865	380,000
1882	4,050,154	572,283	450,000
1883	4,113,833	491,828	690,000
1884	4,165,314	508,095	560,000
1885	3,819,763	525,095	390,000
1886	4,449,825	536,241	250,000

資料來源：1880～1886 海關報報告淡水、打狗部份。（或參閱林滿紅《茶、糖、樟腦
　　　　　與晚清台灣》頁 80、81、2）

　　當時內外臣上條陳台灣善後者凡十數起，貴州按察使李元度亦請以福建
巡撫專駐台灣，謂「台灣地大物博，百利未興，若能經理得人，需以歲月，何

──────────────

〔註13〕同上。

遽不如日本哉」〔註14〕。且言軍所需軍火礮械均須在台設局製造存儲，不得如前仰給福建，致有隔絕之患〔註15〕。

建省的提議又有軍機大臣醇親王奕譞和北洋大臣李鴻章為之呼應，且聯銜覆奏：

> 臣等查台灣為南洋樞要，延袤千餘里，民物繁富，通商以後，今昔
> 情形迥然不同，宜有大員駐紮控制〔註16〕。

建省之議由左宗棠、醇親王奕譞（光緒帝之父，慈禧太后掌權之代言人），李鴻章等諸大臣之提議（實際上是清末決策者所擬議），清廷遂於光緒十一年9月初五（1885年10月12日）諭：

> 欽奉（慈禧端佑康頤昭予莊誠皇太后）
> 懿旨：「醇親王奕譞等遵籌海防善後事宜摺內奏稱：『台灣要區，宜
> 有大員駐紮』等語。台灣為南洋門戶，關繫緊要；自應因時變通，
> 以資控制。若將福建巡撫改為台灣巡撫，常川駐紮；福建巡撫事，
> 即著閩浙總督兼管。所有一切改設事宜，該督詳細籌議，奏明辦理」
> 〔註17〕。

台灣建省至是乃見實現。10月，命以福建巡撫劉銘傳為福建台灣巡撫〔註18〕。台灣建省和總理海軍事務衙門的設立，是中國近代史上極重大的事件，特別是台灣建省有著非常重大的意義〔註19〕。

〔註14〕蕭一山：前書，頁956。

〔註15〕李騰嶽：〈建省始末〉，《文獻專刊》，第4卷，第1、2期合刊（劉銘傳專輯），台灣省文獻委員會出版，中華民國42年8月27日，頁18。

〔註16〕《清德宗實錄選輯》，第二冊，頁207。

〔註17〕台灣銀行經濟研究室編印：《光緒朝東華續錄選輯》，台灣文獻叢刊第二七七種，頁123。

〔註18〕伊能嘉矩：《台灣巡撫としての劉銘傳》，台北新高堂書店，明治三十八年6月發行，頁3。
台灣建省，一般都稱省名為「台灣省」，行政首長為「台灣巡撫」，但又有主張省名為「福建台灣省」，行政首長為「福建台灣巡撫」（參閱王建竹：〈台灣建省年代與名稱之商榷〉，《台北文獻》，33期，中華民國67年7月5日，頁63～64。

〔註19〕郭廷以：《甲午戰前的台灣經營——沈葆楨丁日昌與劉銘傳——》，載大陸雜誌史學叢書，第一輯第七冊，頁156。
以台灣建省為主題的研究論文有：李偉：《台灣建省經過及其影響》（政大政治學研究所碩士論文，民國55年7月）；張勝彥：《台灣建省之研究》（台灣大學歷史研究所碩士論文，民國61年6月）。

圖 4-1 為建省後之台灣地圖。

圖 4-1

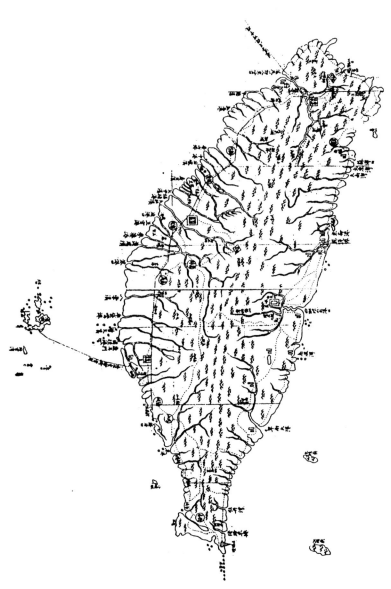

取自台灣地輿全圖（台灣銀行經濟研究室編印，台灣文獻叢刊第一八五種）。

　　台灣建省既已確定，而且任命劉銘傳為台灣首任巡撫，但劉銘傳卻於光緒十一年 10 月 27 日上奏「台灣暫難改省摺」主張暫緩改省。劉銘傳真意究竟如何？先是光緒十一年中法兩國休戰，6 月初五，劉上奏云：「法兵已退，請開撫缺專辦台防摺」。奏文曰：

> 仰懇天恩，准開臣福建巡撫缺，俾得專辦台防，庶幾勉效棖，或可無致隕越台事幸甚，微臣幸甚〔註20〕。

可見劉銘傳請辭閩撫，其用意希望專辦台防，並且以專辦台防為幸事。所以，朝廷任命劉為台灣首任巡撫，對劉銘傳而言是一件值得慶幸的事。何以劉銘傳卻又主張「台灣暫難改省」，其意何在？他說：

> 若改設台灣巡撫，與閩省劃定分疆……畛域分明，勢必不相關顧，即以餉論，以後仍須閩省照常接濟，方能養兵辦防，現在籌餉艱難……（中略）……惟仗閩省協籌，應請旨飭令將軍尼古音布，督臣楊昌濬，自12年正月起，月由廈門海關協濟餉銀三萬兩，每年協濟銀三十六萬兩，俟三、五年後，臺省有成，或減或停，再行核議〔註21〕。

蓋劉銘傳與左宗棠交惡〔註22〕，而當時閩浙總督楊昌濬正是左宗棠部下，如楊督有意掣肘，短期間台省一定無可籌之餉。所以，劉銘傳上奏「暫難改省」，實際上欲藉朝廷之力，求閩省濟餉。光緒十二年（1886年）3月24日朝廷特下諭：「該督籌商辦一切，務當和衷共濟，不分畛域，力顧大局」〔註23〕。因而實際上政治之運作，閩督楊昌濬與劉銘傳之間，幾無派系私見。或謂湘系要人左宗棠於光緒十一年7月27日去世〔註24〕，影響很大。但是，台灣建省政策的決策，是南北洋官僚共同的主張，不管湘系、准系洋務官僚都應支持是項政策。尤其是左宗棠是促成台灣建省的功勞者，並且主張「協濟餉項，各省尚通有無，亦萬無不為之理」〔註25〕，做為左宗棠屬下的楊昌濬，其政治見解必與左宗棠一致，故楊昌濬與劉銘傳之間的合作，誠屬當然之事。

1886光緒十二年2月楊昌濬親身渡台探望劉之病情，4月22日劉銘傳乃赴福州省城會同楊督籌商分省諸務，其中最重要的收獲是楊督答應「釐金項下每年協銀二十四萬兩，閩海關照舊協銀二十萬兩」，即「閩省海關釐金共協

〔註20〕劉銘傳：《劉壯肅公奏議》，台灣銀行經濟研究室編印，台灣文獻叢刊第二七種，「法兵已退請開巡撫缺專辦台防摺」（光緒十一年六月初五日），頁107。

〔註21〕劉銘傳：前書，「台灣暫難改省摺」（光緒十一年十月廿七日），頁157。

〔註22〕劉銘傳：前書，陳澹然作「保台序三」（光緒三十二年十月），頁13～14；「懲暴略序十」，頁41。

〔註23〕台灣銀行經濟研究室編印：《光緒朝東華續錄選輯》，台灣文獻叢刊第二七七種，頁128。

〔註24〕同上，頁120。

〔註25〕李騰嶽：前文，頁18。

銀四十四萬兩」〔註26〕。這四十四萬兩，「合之台灣歲入（時全台歲入一百萬兩內外），勉可供給台灣軍餉雜支」〔註27〕。此對劉銘傳產生莫大的鼓舞：軍餉雜支足，省的行政系統才能穩固，這是建省後最根本的問題。劉銘傳為確保這筆財源，還期望「由臣派船領運，俾免稽延」〔註28〕，做為台灣省首任巡撫的苦心與興奮躍然紙上。劉銘傳於光緒十二年 5 月 7 日上奏協款事，清廷以很快的時間，於 5 月 26 日就下諭令，決定分省協餉。其他分省事宜，進行也相當順利，本文不擬予以討論。

二、新行政組織的建立

（一）主要行政組織

劉氏於光緒十二年 4 月履任台灣巡撫，台灣以後必須與福建聯成一氣，仿甘肅新疆之制，所以巡撫關防為「福建台灣巡撫」。但是關於司道以下各官之考核大計，閩省由總督主政，台灣則由巡撫主政，仍照舊會銜，而巡撫一切賞罰之權，仍由巡撫自主〔註29〕。

建省後的主要行政組織撫台衙門、布政使衙門、和按司道衙門。撫台衙門及布政使衙門設於台北，按司道衙門乃原先台灣道台衙門，仍設於台南，其職權劃分如下：

1. 巡撫之職權：

（1）巡撫為全省首長，綜理全省行政、司法政務。

（2）統制全省陸海軍務。

（3）直轄撫墾事務。

（4）監理軍署之製造。

（5）州縣之廢置。

（6）文武官員之任免。

（7）歲出入之決算報告。

（8）洋海關之監督及常關之管理。

〔註26〕劉銘傳：前書，「陳請銷假到閩會商分省協款情形摺」（光緒十二年五月初七日），頁 278。

〔註27〕同上。

〔註28〕同上。

〔註29〕同上，「遵議台灣建省事宜摺」（光緒十二年六月十三日），頁 281。

（9）學政使之兼任〔註30〕。

並直接管轄下列機關：

（1）發審局（或作法審局）本局為撫台、藩臺及按司（即道台）三頭合議之上告事件審定機關，不常設，定每年秋季於撫台衙門內開庭一次（即所謂秋審）〔註31〕。

（2）撫墾局　光緒十二年設，以巡撫兼督辦撫墾大臣，以在籍太常寺少卿林維源任幫辦撫墾大臣，駐大嵙崁，置撫墾總局，總理全台撫墾事務。並於大嵙崁、東勢角、埔裡社、叭哩沙、林圮埔、蕃薯寮、恆春、埤南等設撫墾局，於雙溪、三角湧、鹹菜甕、五指山、南莊、大湖、馬鞍龍、大茅埔、水長流、北港、蜈蚣崙、木屐蘭、阿里央、蘇澳、隘寮、枋寮、璞石閣、花蓮港等設分局〔註32〕。

（3）全台營務處　光緒十二年設營務總處於台北，以候補道盧本揚任總辦，總轄各地營務處，節制軍事〔註33〕。

（4）全台腦礦總局　光緒十三年設，北路於大嵙崁、中路於彰化，各設腦務總局，並於南莊、三角湧、雙溪、罩蘭、集集、埔里社設分局，使委員辦理之，下置司事、執秤、查竈、勇丁分任其職，而宜蘭、恆春，則另設總局以獎勵腦務，按竈徵防費以充撫番之款用，製出之腦悉歸官局出售。十六年11月改民營，官收其稅，十七年改腦礦事務隸布政使司〔註34〕。

（5）軍裝機器局　光緒十一年設於台北，以記名提督劉朝幹任總辦，聘德人彼得蘭為工師，以製造槍彈等供軍用〔註35〕。

2. 布政使之職權：

（1）省內一切稅務（海關稅除外）。

（2）土地田畝之整理。

（3）各省協餉（商請廣東、廣西、福建、江西四省協助台財政）。

（4）全台鹽務（台南部分特歸駐台南之按司道兼理）。

（5）全台釐金。

〔註30〕李騰嶽：前文，頁 22。
〔註31〕同上，頁 23。
〔註32〕同上。
〔註33〕同上。
〔註34〕同上。
〔註35〕同上。

（6）文武職員之給與。

（7）歲出入決算之編製及上奏。

（8）知府以下之地方官有缺員時，由布政使遴選適當人才。

（9）請准巡撫任命代理其職務。

（10）補任知府以下缺員時，布政使與按司道聯名稟請巡撫經由總督上奏任命。監督知府以下各官員，稟請巡撫經由總督請准中央賞罰。

（11）府縣裁判民事案件認為不當時，得為提控於巡撫〔註36〕。

3. 道台：司按察使事務，兼一部台南布政事務，並監督台南地方行政。

又《台灣通志稿》載：光緒十三年部議台灣道兼理刑名，應設司獄一人，惟會典職官有縣司獄府司獄，而無道司獄，奏准化為按察使司獄〔註37〕。

當時台灣道所管事項如下：

（1）掌理全台民刑事之控斥事件

（2）監理台南府之知府以下行政

（3）主管台南營務處

（4）主管台南鹽務

（5）主管台南釐金

（6）監督台南地方之救恤及育嬰事務

（7）監督台南地方義塾社學書院及任免其教師

（8）監督台南學宮府學縣學

（9）主祭台南祠廟祀典

（10）管理台南軍器庫及火藥、電報、通商、郵便等分局〔註38〕。

在這三個主要行政機構下，劉銘傳設立了許多的特別機構——局，這些機構如茶釐總局、稅釐總局、鹽務總局、磺油局、支應總局、軍火總局、火藥總局、電報總局、郵政總局、台灣鐵路局、煤務局、輪船局、官醫局、腦務總局、全台撫墾局、全台清賦局等，局數在三十個以上〔註39〕。這些特別設立

〔註36〕同上。

〔註37〕同上。

〔註38〕同上。

〔註39〕連雅堂：《台灣通史》，卷 16，〈城池志〉，頁 538～548（民國 62 年 6 月 15 日，古亭書屋影印本）。

伊能嘉矩：《台灣文化志》，上卷，東方，刀江書院，日本昭和三年出版，頁 233～246。

的行政機構，其特點是屬於專業性機構，以專業性機構處理建省後繁重的行政事務，其中許多機構都是推動洋務運動而設立的。

（二）府縣行政組織的擴充

因為清廷長期忽視台灣的結果，行政組織的發展通常無法與開拓的進展，或人口的增加相配合，牡丹社事件後，沈葆楨雖然作了一次調整，但是清末台灣經濟發展相當快速，社會的變遷的幅度也相當大，調整後的行政組織仍然無法配合社會、經濟的發展。建省後，劉銘傳在經過實地觀察後，又再次調整台灣之地方行政區劃，這次的行政區劃，可以說奠立了百年來台灣地方行政組織的藍圖。

光緒十二年六月十三日，劉銘傳初步擬定調整台灣地方行政組織的構想，他說：

> 台灣各縣地輿太廣，最大如彰化、嘉義、淡水、新竹四縣，亟須添官分治。統計四縣，按周圍百里為城，約可分出四五廳縣，將來彰化即可改駐首府，另設首縣為台灣縣，將台灣縣改為安平縣〔註40〕。

光緒十三年（1887年）八月十七日，劉銘傳上奏「台灣郡縣添改撤裁摺」，主要內容如下：

> 查彰化橋孜圖地方，山環水複，中開平原，氣象宏開，又當全台道中之地，擬照前撫臣岑毓英原議，建立省城。分彰化東北之境，設首府曰台灣府，附廓首縣曰台灣。將原有之台灣府縣改為台南府、安平縣。嘉義之東，彰化之南，自濁水溪始，石圭溪止，截長補短，方長約百餘里，擬添設一縣曰雲林縣。新竹苗栗街一帶，扼內山之衝，東連大湖，沿山新墾荒地甚多，擬分新竹西南各境，添設一縣曰苗栗縣。合原有之彰化縣及埔裡社通判，四縣、一廳，均隸台灣府屬。其鹿港同知一缺，應即撤裁。淡水之北，東抵三貂嶺，番社紛歧，距城過遠；基隆為台北第一門戶，通商建埠，交涉紛繁，現值開採煤礦，修造鐵路，商民麕集，尤賴撫綏；擬分淡水東北四保之地撥歸基隆廳管轄，將原設通判改為撫民理審同知，以重事權。……

〔註40〕 劉銘傳：前書，「遵議台灣建省事宜摺」（光緒十二年六月十三日），頁283。

後山形勢，北以蘇澳為總隘，南以埤南為要區，控扼中權，厥惟水
尾。其地與擬設之雲林縣東西相直，聲氣未通。現開山路百八十餘
里，由丹社嶺、集集街徑達彰化。將來省城建立，中路前後脈絡，
呼吸相通，實為台東鎖鑰；擬添設直隸州知州一員，曰台東直隸州，
左界宜蘭，右界恆春，計長五百里，寬三、四十里、十餘里不等，
統歸該州管轄，仍隸於台灣兵備道。其埤南廳舊治，擬改設直隸州
同知一員。水尾迤北，為花蓮港，所墾熟田約數千畝，其外海口，
水深數丈，稽查商舶，彈壓民番，擬請添設直隸州判一員，常川駐
紮，均隸台東直隸州〔註41〕。

因此劉銘傳整編後的行政區劃為：三府、一直隸州、十一縣、三廳。中路為台
灣府，為省會首府，下轄台灣縣、彰化縣、雲林縣、苗栗縣及埔裡社廳，南路
為台南府，下轄安平縣、鳳山縣、嘉義縣、恆春縣及澎湖廳；北路為台北府，
下轄淡水縣、新竹縣、宜蘭縣及基隆廳。

在閩台分省之際，位於台灣海峽中的澎湖島，其歸屬問題雖不是重要問
題，因為在雍正五年（1728年），澎湖改廳時，即隸屬台灣府管轄〔註42〕。但
分省之際，清廷仍然下諭：

澎湖為由閩赴台要隘，扼紮勁旅，認真操練，方足以資緩急。該處
地方，若由台灣巡撫管轄控制，自更得宜〔註43〕。

因為「澎湖一島地方甚小，距台南不過百餘里──如鼻之附於首，呼吸相通，
而離閩省則七百里之遙；向歸台灣道管轄，所以有台澎之稱。今台灣改設行
省，自應明歸台灣管轄」〔註44〕。由於清廷明令澎湖歸屬台灣省管轄控制，
所以百年來，澎湖與台灣本島有著相同的命運，在馬關條約中，同樣淪為日
本之殖民統治地。

表4-2是1885年～1894年台灣行政區劃與行政組織，台灣割讓後日本
總督府也沿照這個行政區劃，甚至台灣現行地方自治之縣市區域，也大致與

〔註41〕同上，「台灣郡縣添改撤裁摺」（光緒十三年八月十七日），頁285～286。
〔註42〕范咸修：《重修台灣府志》（乾隆十二年，1747年），台灣銀行經濟研究室編
　　　印，台灣文獻叢刊第一○五種，頁4。
〔註43〕馮用輯：《劉銘傳撫台前後檔案》，台灣銀行經濟研究室編印，台灣文獻叢刊
　　　第七六種，「台灣府轉行督撫咨商福建巡撫改為台灣巡撫後澎湖管轄事宜」，
　　　頁720。
〔註44〕馮用輯：前書，「閩浙總督楊昌濬奏為籌議台灣改設事宜，先將大概情形恭摺
　　　具陳，仰祈聖鑒事」，頁77。

本表相同，由此可見劉銘傳係根據當時社會、經濟、政治發展的情形，給台灣本島作了一次合理的行政區劃。

劉銘傳整編後的台灣地方行政區劃，一方面改變了台灣社會一向行政權力支配程度較弱的傳統，亦即將官方力量擴展於全島，由政府開始扮演積極干與社會活動的角色。另一方面，縣的控制區域縮小，有利於推行政令，尤其對清丈工作影響更大，使得清丈能順利完成。

表 4-2　台灣行政區劃與組織（1885～1894）

台灣府（知府）	台北府（知府）	台南府（知府）	台東直隸州（知州）
台灣縣（知縣）彰化縣（知縣）雲林縣（知縣）苗栗縣（知縣）埔里社廳（通判）	淡水縣（知縣）新竹縣（知縣）宜蘭縣（知縣）基隆廳（通判）南雅廳（同知）	安平縣（知縣）鳳山縣（知縣）嘉義縣（知縣）恆春縣（知縣）澎湖廳（通判）	埤南廳花蓮港廳

資料來源：周憲文著《清代台灣經濟史》（台灣銀行經濟研究室編印，台灣文獻叢刊四五種頁 5～6，但台東直隸州部份參照伊能嘉矩編《台灣巡撫トシテノ劉銘傳》17 頁作成，花蓮港廳、埤南廳，在台灣割讓前實際上並未設廳，是計劃中而已〔註45〕。

三、湘系行政官僚的整頓

劉銘傳來台後，為何要整頓湘系行政官僚，這是值得探討的問題，當時湘系行政官僚集團之勢力，集中在台灣南部，由於劉銘傳整頓湘系行政官僚的結果，使得原來在政治保護下的利益集團、商民、士紳、官僚等，從此失去了政治的保護，因而產生對劉銘傳的不滿。其影響所及，使得劉銘傳的洋務建設偏重於台灣北部，並且政治重心也由南部移向北部〔註46〕。

劉銘傳整頓台灣湘系行政官僚，吾人推斷，至少有下列幾種情形造成：

〔註45〕戴國煇：〈清末台灣の一考察──日本による台灣統治の史的理解と關連して〉，《日本法とアジア，仁井田陞博士追悼論文集》，第三卷，勁草書房，1970年 5 月 30 日，第一刷發行，頁 281。

〔註46〕Huang Hsiao-ping, "The conflict Between Liu Ao & Liu Ming-Ch" uan and the Sino-French War in Taiwan," Historical Research（師大歷史學報），No. 1, （1973），P.277.

　　第一：受湘系與淮系派閥的影響，劉銘傳為淮系名將，劉璈為湘系官僚，劉銘傳來台前，台灣本島之最高行政首長，兩派勢力出現在台灣，如不能融合，便是只有爭鬥之一途。

　　第二：湘系官僚在台根深蒂固，勢力龐大，這股勢力可能是行政改革的阻力，尤其是淮系所進行的改革運動，湘系官僚不易配合。整頓湘系官僚，可以使劉銘傳易於推行各種政策。

　　第三：以整頓湘系官僚，做為重新組織台灣整個行政系統的先聲。劉銘傳既然有心經營台灣，必須依靠具有活力的行政官僚，配合他推行改革運動，整頓湘系官僚是整頓全台行政官僚最好的開頭。

　　除以上三種情形外，整頓湘系官僚也可能是劉銘傳居於個人私心，因之公報私仇的成份也不能排除〔註47〕。

　　在整頓湘系洋務官員中，主要的改變是彈劾劉璈和提拔陳鳴志其詳情如下。

（一）彈劾劉璈之分析

　　劉銘傳來台之前，全台最高軍首長是台灣兵備道劉璈，劉璈在台期間，開山撫番，整頓煤務、防務、醫務等卓有政績，深得南部人擁戴。1884～1885年法軍侵台劉銘傳受命來台與劉璈共同禦敵，劉銘傳有統籌全局之權，因劉銘傳、劉璈分屬當時清廷互相水火的李鴻章及左宗棠派，彼此不能並肩作戰。

　　當時法軍有意犯台，情勢危迫，軍務倥傯，餉械亦絀，需餉孔亟，是時台南之台灣兵備道暨台灣府兩庫存銀百五十萬兩，劉銘傳命撥五十萬，劉璈不從。又以兵備道加營務處，例得上奏，頗不受節制。劉銘傳即上奏劾劉璈，是為劉銘傳與劉璈在台交惡之始。

　　光緒十年六月，法軍提督孤拔率軍艦攻基隆，敗北。八月法軍復攻基隆，劉銘傳督職，士氣大振，法軍又敗去。旋法艦別攻滬尾，營務處知府李彤恩駐兵滬尾，以孫開華諸軍為不能戰，三次飛書告急，堅稱滬尾兵單將弱，劉銘傳為其所動慮台北不守，遽拔大隊往援〔註48〕。唯留統領林朝棟駐守獅球嶺。法軍登陸，基隆失守。法兵謀南下，輒為林朝棟所犯。璈以銘傳至台即奏

〔註47〕洪棄生：《寄鶴齋選集》第二冊，台灣銀行經濟研究室編印，台灣文獻叢刊第三〇四種，頁221。

〔註48〕《清德宗實錄選輯》，頁167。

劾伊，因此銜恨，當基隆之退，乃揭其短，到處謠諑。謂基隆未敗忽退，皆滬尾通商委員浙江知府兼滬尾營務李彤恩得銀數十萬賣於法人。台人一時譁譟。且有給假之記名道辦理營務朱守謨繞台南以結劉璈至福州省城招搖播弄。是時在省城之左宗棠、楊昌濬正盼台音。左宗棠據以入告，嚴旨譴責，革彤恩之職〔註49〕。銘傳具疏辯，並上摺法兵已退請開巡撫缺並銷台防督辦差回籍養疴。清廷下旨以劉銘傳督師無功，正當力圖自贖，著將台灣善後事宜認真整頓，以觀後效。不准其開缺。因此銘傳愈恨之。

　　光緒十一年5月13日，銘傳奏言：「包辦洋藥，釐金董事陳郁堂吞匿鹿港等口釐金四萬六千餘兩。台灣道劉璈有督辦稅釐之責，當上年秋冬餉項支絀之時，應如何籌劃，以備接濟，顧持危局。事前既不查察，事後又不追還，顯係奸商、道員通同作弊。奏報璈令撤任查辦」，並於5月26日得旨「劉璈著即撤任，聽候查辦」〔註50〕。劉銘傳彈劾劉璈並未罷休，又於十一年5月26日上嚴劾劉璈摺，略云：

> 自上年八月基隆退守之後，台北餉需奇絀，該道不獨絲毫不濟，忽咨行署提臣孫開華等加足夫價，該道明知台北無餉，意在誘脅各營譁潰。幸得滬尾關，及台北府報解銀十五餘萬兩，勉強支持，萬一無此數者，臣不死於敵，且死於譟餉之兵，全台豈堪設想？慫各軍以圖內亂，其大罪一也。
>
> 初法雖封口，並未嚴查，我軍猶得用民船偷渡。該道見台北餉械尚能轉運，獨於11月初照會英領，謂法人封口廢弛，法遂重行禁口，激強敵以絕台援，其大罪二也。
>
> 尤可駭者，十月底該道詳報派捐，全台二百萬，並未分餉舉行，即報捐款已收，軍火亦經購運，全台軍餉足恃。斷朝廷拯救之心，絕各省濟援之路，奸謀險惡，反覆歎朦，不致臣於死地不止。誑朝廷以陷督師，其大罪三也。

〔註49〕連橫：前書，「劉璈列傳」，頁1028。
　　　　左宗棠：《左文襄公奏牘》，台灣銀行經濟研究室編印，台灣文獻叢刊第八八種，頁46～48。
　　　　劉銘傳：前書，「嚴劾劉璈摺」（光緒十一年五月廿六日），頁421～422。
〔註50〕連橫：前書，「劉璈列傳」，頁1029。
　　　　《清德宗實錄選輯》，頁196。
　　　　劉銘傳：前書，頁423。

尤有陳者，據江蘇候補道陳鳴志面稱：道府兩庫，結自上年6月起至11月止，台南尚存銀一百萬兩。乃該道至11月底，即報台南餉竭，立有潰裂之虞。如果無餉，其冒濫曷可勝言？如果有餉，藉口截留台北協餉不發，其險惡更不可測。設非臣等設法騰挪，勉將饑軍拯救，將全台數千萬居民，不死於強敵，且死於內亂之饑軍。思之令人心悸。擁巨餉以速軍變，其大罪四也。

臣於劉璈撤任後，即委員會同道府將台南支應局並鹽務、煤務、釐金各項帳目案牘，分別查封，聽候核算。所有該道劣蹟多端，不勝枚舉，僅將訪查營務、鹽務、釐金、礦務數大端開單臚列，共摺具參，伏求聖鑑。〔註51〕

依照劉銘傳的奏摺中指出，劉璈牢守台南，利用昌繁的商業與自然資源的開拓，中飽私囊，並且安插許多親戚、朋友擔任行政官僚，又不願派遣軍隊，不接濟兵餉抵抗法軍。劉銘傳強烈的攻擊劉璈，「任何人都能想到這個罪刑，足以判定犯罪者得殺頭六次以上」〔註52〕。所以朝廷派刑部尚書錫珍（1847～1889年），江蘇巡撫衛榮光（死於1891年）到台查辦後，認為劉璈「罪無可辭」，劉璈終被判斬監候（死刑），解交刑部監禁，而且罰繳巨款，其應繳之款，除抄產備抵外，餘著勒追完，待劉璈繳完罰款後，刑部上奏將劉璈減等治罪，結果「劉璈著減一等，發往黑龍江效力贖罪」〔註53〕。劉璈終死於斯地〔註54〕。

（二）提拔陳鳴志

劉銘傳除去了劉璈後，台灣道出缺，乃奏保江蘇候補道龔照瑗繼位，龔照瑗與劉銘傳有良好的關係，劉銘傳推薦龔照瑗的理由，「當上年秋冬之際，濟械運兵十餘次，前死後繼，百折不回」〔註55〕。後因龔照瑗「暫難渡台」，劉銘傳乃從台灣官僚中提拔人才，以繼任台灣道。

〔註51〕劉銘傳：前書，頁423～431。
〔註52〕Speidel, William M., "The Administrative and Fiscal Reforms of Liu Ming-Ch" uan in Taiwan, 1884～1891: Foundation for Self-strengthen", The Journal of Asian Studies, No.3, Vol. XXXV, （May 1976）, P.446.
〔註53〕《清德宗實錄選輯》，頁2160。
〔註54〕連雅堂：前書，頁1029。
〔註55〕劉銘傳：前書，「奏獎道員邵友濂龔照瑗片」，頁378。

　　劉銘傳密保台灣道的人選，是江蘇候補道陳鳴志。按陳鳴志，湖南人，為左宗棠之姻親（BROTHER IN-LAW）〔註56〕，因之陳鳴志與湘系有著密切的關係。劉銘傳一向與左宗棠不合，甚至極為對立，為何要起用左宗棠的親戚，且屬於湘系的官僚呢？吾人以為至少有下列四個理由：

　　第一：陳鳴志曾赴台北參戰，「所部土勇兩營，當月眉山退守之後，該部即同蘇德勝、鄭洪勝立復巷孜口、大水窟、八堵尖等處要隘，扼守前鋒，與敵對壘，屢次接仗」〔註57〕。陳鳴志為湘系中少數被劉銘傳奏請獎賞之人，所謂「未忍獨厚己軍，接待客軍，更不敢稍分畛域」原則下的代表人物〔註58〕。因之，在台灣湘系官僚中，陳鳴志是最可能與劉銘傳合作的人選。

　　第二：因為劉璈用人，多用「岳州臨湘之親戚、本家、姜父、姜舅以及本地門生林文欽、吳朝陽」〔註59〕，「湘人門戶重」的關係，使得台南將吏皆湘人，劉璈雖然被撤，親戚朋友也「逐名開單驅逐」〔註60〕，但劉璈深得南部人敬愛，劉璈雖然離開台灣，台南地區勢必餘存湘系勢力；以陳鳴志任台灣道，駐守台南，可以緩和南部人士對劉銘傳的不滿。

　　第三：劉銘傳彈劾劉璈，難免有「不實者」〔註61〕，亦即含有派系爭鬥的成份，起用陳鳴志時，又特別強調「無黨無私，惟期舉賢用才」，其作用顯示提拔陳鳴志作為掩飾彈劾劉璈具有私心的成份。

　　第四：當時劉銘傳頂頭上司閩浙總督楊昌濬，係湘系要人。劉銘傳經營台灣，楊昌濬是否支持為關鍵所在。提拔陳鳴志表示劉銘傳需要湘系合作，尤其希望楊昌濬不要掣肘。

　　陳鳴志在台灣道，與劉銘傳相當合作，並且貢獻很多。劉銘傳評述陳鳴志任內的政績如下：

> 自上年五月到任以來，整頓地方，遣散營勇，拿辦哥老會首王春華、易子林等，銷患未明，辦理俱臻妥洽。從前劉璈沽名蠹國，視私財如性命，用公款如土苴，陳鳴志遣散冗員，裁併散局，破除情面，

〔註56〕同註52。
〔註57〕同上。
〔註58〕同上。
〔註59〕同上，「嚴劾劉璈摺」（光緒十一年五月廿六日），頁428。
〔註60〕同上。
〔註61〕洪棄生：前書，頁221。
　　　　連雅堂：前書，頁1029。

歲節銀四萬餘金。該道持躬潔廉，辦事勤慎，實為司道中不可多得
之員〔註62〕。

陳鳴志任台灣道一年之後，劉銘傳奏請將陳鳴志改為「留閩遇缺題奏」。光緒
十三年閏4月（1887.6）台灣道由唐景崧繼任後，劉銘傳上奏：

> 該道自署任以來，除弊剔奸，整頓兵營吏治，拿辦會匪，遣散遊兵，
> 商同後山統帶張兆連，鳳山統帶陶茂森等招撫生番先後不下十萬
> 人，不憚勞怨，力洗台南積習，夙弊一清。其於軍務外交尤為熟悉，
> 持躬廉樸，辦事精詳，實為道員中不可多得之選〔註63〕。劉銘傳再
> 度明保陳鳴志「交軍機處存記以備任使」。

　　雖然陳鳴志任職台南任內，並沒有完全消彌台南地區對劉銘傳的不滿，
但陳鳴志充分與劉銘傳合作的事實，足可說明劉銘傳彈劾劉璈，整頓台南地
區湘系行政官僚，對劉銘傳推行洋務運動有著很大的作用，至少使南部地區
勢力集團對他的種種改革運動之阻力減至最低。雖然《台灣通史》作者連橫說：

> 皆有經國之才，使璈不以罪去，輔佐巡撫以經理台疆，南北俱舉，必
> 有可觀。而銘傳竟不能容之，非才之難，而所以用之者實難〔註64〕。

劉銘傳與劉璈既然無法合作，劉銘傳當然只有選擇整頓一途，否則兩劉都繼
續留任台灣，衝突必將更大，劉銘傳更無法全面整頓全台行政系統，以配合
他的種種新政。而提拔湘系陳鳴志繼任，可以說適當而且必要之舉。

　　雖然整頓湘系行政官僚，改變了台灣傳統的行政權威與權力關係，使劉
銘傳有效的掌握了政治權威，使他有更多的彈性，進行各種發展計劃，但南
部地區固守在劉璈權力關係上的官僚份子與士紳，從此缺乏了政治特權之保
護，因之加深了這些精英份子對劉銘傳的敵意。劉銘傳的洋務建設都集中在
北部，忽視了南部，以及不以傳統政治、文化中心的台南做為省政治中心，
其因緣可能在於此。

四、政治權力中心的北移

（一）台灣省最早之省會——台中

　　台灣決定建省後，劉銘傳選擇了「彰化橋孜圖」地方為省會，在決定省

〔註62〕劉銘傳：前書，「保陳鳴志片」（光緒十二年四月），頁394。
〔註63〕同上，「明保道員陳鳴志片」（光緒十三年閏四月），頁399。
〔註64〕連雅堂：前書，頁1031。

會所在地之前，劉銘傳曾親自南下考察，並且「帶率員紳就彰屬內周歷相度」
〔註65〕，認為該地「山環水複，中開平原，氣象宏開，又當全台適中之地」
〔註66〕。「控制南北，實天造省會之基」〔註67〕，在劉銘傳決定以台中為省會
之前（光緒七年），劉璈曾赴中路實地勘察認為：

> 大甲溪大肚山以內，周圍數百里，平疇沃壤，山環水繞，最為富庶。
> 而猫霧捒、上橋頭、下橋頭、烏日莊四處，尤為鍾靈開陽之所，又
> 有內山南北兩水交滙，轉出梧棲海口，其民船可通烏日莊。以上實
> 可大作都會。⋯⋯。若於該四處擇地建城⋯⋯〔註68〕。

不論是劉璈、岑毓英、劉銘傳都認為台中作為全台政治中心，是最適當的地
點。當省會決定建於彰化橋孜圖之後，彰化縣紳士蔡德芳、鄭茂松、吳朝陽、
吳恩波、黃玉書、黃炳奎、莊士勳、劉鳳翔、鄭景奇、吳鴻賓、吳德功等二十
二人，曾向劉銘傳建議省會請建於鹿港，劉銘傳駁斥如下：

> 台灣建立省城控制全台，必得形勢可觀，方能建城。如台灣府為興
> 創之始基；台北府物產最富，滬尾、基隆兩口為全台之要隘。若該
> 二府紳士於此兩處請建省城，尚非謬論。鹿港瀕海，地勢低下，水
> 口沙淺，不能泊船；該紳士蔡德芳等忽請建立省城，非為控制全台
> 起見，特為本地貿易起色耳〔註69〕。

為建省城，劉銘傳計劃從閩省協濟餉中，撥出一○○多萬兩充做建城經費
〔註70〕。但是這筆經費，後來劉銘傳卻移做鐵路經費，他說：

> 現省工尚堪稍緩，路工在急，非一時所可驟成，擬請暫挪先修鐵路，
> 俟峻工後，即將所收腳價，歸還成本，再籌建城分治〔註71〕。

在經費缺乏下，台中省城的建造，乃變更方式，「先築土城，就地運用卵石為

〔註65〕馮用輯：《劉銘傳撫台前後檔案》，「台灣府行知巡撫劉銘傳批駁彰化紳士蔡德
　　　　芳等請建省會於鹿港議」，頁102。
〔註66〕劉銘傳：前書，「台灣郡縣添改撤裁摺」（光緒十三年八月十七日），頁
　　　　285。
〔註67〕馮用輯：《劉銘傳撫台前後檔案》，「台灣府行知巡撫劉銘傳批駁彰化紳士蔡
　　　　德芳等請建省會於鹿港議」，頁104。
〔註68〕劉璈：《巡台退思錄》，台灣銀行經濟研究室編印，台灣文獻叢刊第二一種，
　　　　「稟奉查勘彰化撲子口等處地形由」，頁7。
〔註69〕同註67。
〔註70〕劉銘傳：前書，「台路改歸官辦摺」（光緒十四年十月十六日），頁275。
〔註71〕同上。

基，外栽刺竹，僅用磚石建築城門、礟台、水關、閘壩」〔註72〕。但是這座計劃中的省城，不但在劉銘傳任內無法造成，劉銘傳離台後，邵友濂繼任台灣巡撫，於光緒二十年正月十五曰，上奏「台灣省會要區地利不宜，擬請移設以定規模」〔註73〕，理由為：

> 該處（橋孜圖）本係一小村落，自設縣後，民居仍不見增；良田環境皆山，瘴癘甚重，仕官商賈託足維艱；氣象荒僻，概可想見。況南、北兩郡前往該處，均非四、五日不可。其中溪水重疊，夏秋輒發；設舟造橋，頗窮於力；文報常阻，轉運尤艱。台中海道淤淺，風汛靡常，難於駛進輪船。不獨南北有事，接濟遲滯；即平日一切造辦運料，亦增勞費。撥諸形勢，殊不相宜。且省會地方，神廟、衙署、局所在所必需；用款浩煩，無所籌措。是以分治多年，迄未移駐該處，自今以往，亦恐舉辦無期。……查台北府為全台上游，巡撫、藩司久駐於此，衙署、廟局次第粗成；舟車兩便，商民輻輳。且鐵路已修至新竹，俟經費稍裕，即可分儲糧械，為省城後路。應請即以台北府為台灣省會〔註74〕。

邵友濂根據實際發展情況，將原定省會所在地由橋孜圖移往台北，使真正清末台灣的政治中心，成為台灣省的省會。

（二）清末台灣實際上的政治中心──台北

若從經濟上發展情況而言，「台灣歷史重心北移主要發生在 1860～1895 年這段期間，1880 年為轉捩點」〔註75〕。表 4-3 及圖 4-2 是 1868～1895 年台灣南北貿易額之比較，表 4-3 及圖 4-2 顯示了 1880 年以前，南部貿易多於北部，1871 年以前且為北部之兩倍。但由於北部貿易額增加率高於南部，故在 1880 年左右，北部貿易額已超過南部，1885～1895 年間北部貿易總額反而成為南部之兩倍。台灣灣是一高度仰賴貿易之經濟體系，由南北貿易地位之逆轉亦可看出南北經濟地位之逆轉〔註76〕。

〔註72〕同上，「新設郡縣與造城署工程立案摺」（光緒十六年二月十六日），頁292。
〔註73〕馮用輯：《劉銘傳撫台前後檔案》，「台南府轉行巡撫邵友濂具奏『台灣省會要區地利不宜擬請移設以定規模』摺稿」（光緒二十年四月十三日），頁238。
〔註74〕同上，頁239～240。
〔註75〕林滿紅：《茶、糖、樟腦業與晚清台灣》，台灣銀行經濟研究室編印，台灣文獻叢刊第一一五種，中華民國67年5月出版，頁87。
〔註76〕同上。

表4-3　淡水、打狗貿易淨值比較（1868～1895）　　單位：十萬海關兩

年　代	淡　水	打　狗	打狗貿易淨值 / 淡水貿易淨值 ×100
1868	78	126	161
69	73	158	217
70	96	214	223
71	121	227	189
72	149	216	145
73	144	183	127
74	152	230	151
75	175	228	130
76	241	270	112
77	275	284	103
78	304	249	82
79	363	382	105
80	391	455	117
81	414	412	100
82	398	317	80
83	354	317	90
84	363	308	85
85	450	248	55
86	540	258	48
87	560	276	49
88	567	286	51
89	527	275	52
90	552	358	68
92	577	293	51
93	785	330	42
94	831	439	53
95	378	246	65

資料來源：海關報告歷年淡水、打狗部份，本文直接引自林滿紅前揭書，頁88～89。

圖 4-2　淡水打狗貿易淨值比較（1868～1895）　單位：十萬海關兩

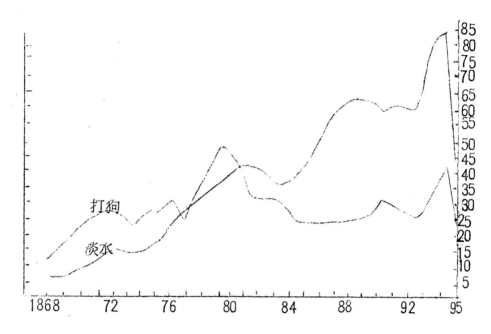

資料來源：林滿紅《茶、糖、樟腦與晚清台灣》，頁88。

　　1880年以後，台灣經濟上的重心已由台南移向台北，不過此時台灣政治上、文化上的重心仍然集中在台南，直到1884年中法戰爭法國侵犯台灣，劉銘傳渡台防衛台灣，才改變了台北的政治地位。但台灣決定建省後，劉銘傳仍未選擇台北做為省會，而以地位居全台之中的橋孜圖為省會。

　　雖然建省後省會定於台中，但台灣省實際的政治中心卻在台北；除了因劉銘傳東渡後，「即就台北駐紮」的因素外，使台北成為建省後的政治中心，當然與前述台灣經濟重心此時已移向台北為主要原因，劉銘傳說：

> 台灣建立省城控制全台，必得形勢可觀，方能建城。如台灣府為興創之始基，台北府物產最富，滬尾、基隆兩口為全台之要隘，若該二府紳士以此兩處請建省城，尚非謬論〔註77〕。

「台北府物產最富」，表示了台北地區是最重要的經濟重心所在，以台北做為省會亦是適當之地。後來因為實際政治上的需要，劉銘傳投資於台北府城的建設，遠大於台中省城，其詳情如下：

〔註77〕馮用輯：《劉銘傳撫台前後檔案》，「台灣府行知巡撫劉銘傳批駁彰化紳士蔡德芳等請建省會於鹿港議」，頁104。

> 中路省會一時驟然猝辦，撫、藩大吏以及各局執事職員，不能不先
> 營辦公之地，且台北踞上游，海口形勢吃重；將來或須添設道員或
> 巡撫隨時分駐，地方公廨亦不能少。爰於城之西市隔勘建巡撫行署
> 並造親兵營房，即於附近添造藩司行署、及銀庫、局所〔註78〕。

此外在台北城內還建造淡水縣署、監獄及典史官廨、艋舺營兼城守參將衙署、廟宇（關帝廟、天后宮、風神廟、龍神廟）等，共用銀十二萬四千三百八十六兩四錢四分〔註79〕。所以劉銘傳來台改變了台灣一向的政治中心，由台南轉向台北，使清末之政治中心與經濟中心結合在一起。劉銘傳離台後，邵友濂繼任巡撫，鑑於實際發展情形，乃將台北府城改為省城，更確立台北府的政治地位。

第二節　軍事改革

　　清末台灣洋務運動，不論進口新的加農砲、槍械、建立兵工廠、築鐵路、架設電線等，都是為促成軍事近代化，達到強兵為目的。但是當時駐在台灣的軍隊，素質相當的差，整個軍事制度也都面臨崩潰，為了使近代化的軍事裝備，有效地運用，劉銘傳乃費盡苦心，試圖改善軍隊的素質與重新調整營制。「台灣軍政，急於講求」，但是「兵滑將貪，實則玩而不振；鋤奸剔弊，嚴則去而之他」，要改革台灣軍政，確係相當不易。劉銘傳認為軍政必須改革的主要原因如下：

> ……國用不足，兵伍不精，實為國家之大患。……兵武不精，尤非
> 一致。有操後門槍礮者，有操前門槍者，大約不操者十居八、九，
> 操者十不二、三。……若不切實整頓，籌餉於萬難之中，養此遊手
> 好閒，無事非煙即賭，有事非潰即逃，何以備捍保邦之用？……今
> 各省所購後門鎗礮甚多，若不操練，鎗久則機器銹損，礮久則零件

<hr>

〔註78〕劉銘傳：前書，「台北建造衙署廟宇動用地價銀兩立案摺」（光緒十五年七月
　　　　七日），頁 290～291。
　　　　關於台北府城的發展，請參閱黃得時：〈城內的沿革和台北城〉，《台北文獻》，
　　　　第四期（城內及附郊特輯），中華民國 42 年 1 月 20 日。
〔註79〕馮用輯：《劉銘傳撫台前後檔案》，「台南府轉行巡撫劉銘傳具奏『台北地方
　　　　建造衙署廟宇等動用工料地價銀兩請勅部立案准予彙案報銷』摺稿並清
　　　　單」，頁 181。

　　遺亡，俱成廢物。整頓之法，惟有嚴肅營規，認真操練，方足挽回
　　積習。……如一省防軍萬人，能鍊勁旅三千，可資徵調，則緩急猶
　　為可恃，不至巨餉虛糜〔註80〕。

因此，劉銘傳不但整頓傳統的綠營軍制，而且把台灣地方武力也重新編整加
入防衛系統中；同時很技巧的融合湘軍與淮軍，使全省的武力都在他的指揮
之下做為他統治台灣的基礎。

一、綠營之調整策

　　光緒十年法軍之役，劉銘傳奉命「賞加巡撫督辦台灣事務」之前二日（光
緒十年閏五月初二日）曾上奏「遵籌整頓海防講求武備摺」，批評綠營：

　　今綠營久成無用，……實則綠營積弊，由於習氣太深，誠能嚴汰
　　烟病老弱之徒，認真訓練，多一可用之兵，即少一外募之勇。數
　　年之後，無用皆歸有用，安見制兵亦不可戰哉？是在統將之得人
　　耳〔註81〕。

是時：

　　台灣班兵水陸十八營、水師七營、陸師十一營，實存兵數四千五
　　百餘人……兵丁積習惰弛，安能應敵？將領或老年疲病，嗜好太
　　深，或久入官場，習氣過重，偶遇練兵，皆另求管帶，勉示虛威，
　　補署人員，更多巧滑，遇有搶劫重案，事前既無稟報，事後亦不
　　緝捕，惟事匿盜庇娼，抽收賭費。若不變通整頓，何以肅戎政而
　　保巖疆〔註82〕。

是故劉銘傳對於台灣的綠營，主張「變通整頓」，唯一的方法，「自非遴選將
才，萬難挽回積習」，而遴選的方法是：

　　就現在軍營官弁並投效武職之中，或年壯力強，未沾惡習，或戰爭
　　奮勇，辦事勤勞；擬請由臣等按月考試，如五槍能命中三、四者，
　　即分別奏咨。留標以後，考列在前，准其補署〔註83〕。

但這個方法，「於例章不無破格」，要求「准予變通辦理」。

〔註80〕劉銘傳，前書，「密陳武備廢弛亟宜整頓並遵保將才摺」（光緒十三年閏四月
　　　　二十一日台北府發），頁137～138。
〔註81〕同上，「遵籌整頓海防講求武備摺」（光緒十年閏五月初二在京發），頁135。
〔註82〕同上，「台灣水師員缺並武職補署章程摺」（光緒十三年十月十日），頁287。
〔註83〕同上，頁288。

　　劉銘傳又見於「安平滬尾，噶瑪蘭水師五營，久無船械未便任其廢弛」乃建議「改為陸路，仍隸原營，並請將安平副將移駐後山水尾，……安平副將擬請改為台東協，請將北路副將移駐埔里社」〔註84〕。前沈葆楨亦主張更改營制。清廷答以台灣未設巡撫，不可變更營制。十年後，台灣建省，劉銘傳也建議更改營制，清廷仍舊不允〔註85〕。劉銘傳又再度上奏，陳明以安平水師副將大員改為台東陸路副將的益處，「餉項毫無益增，……新設地方得資實濟」〔註86〕，然「部臣堅持舊制，至死不移」〔註87〕。台灣建省在營制上唯一的改變是劉銘傳建議「將澎湖副將與海壇鎮對調」〔註88〕，結果清廷諭以福建澎湖鎮總兵吳宏洛補授〔註89〕。劉銘傳改革傳統綠營軍制並未成功。

　　可是光緒十三年10月20日，「戶部咨開，閩省現在裁減水路額兵一成，以節餉需，台灣綠營兵額，能否照裁，應由台灣巡撫酌度情形，迅速議覆」〔註90〕，欲裁台灣綠營兵額，劉銘傳卻覆奏：台灣綠營兵額，僅存四千五百餘名，「現在改為行省，分治開山，拓地日廣，設汛益多，不足分布，以今觀之，實不能再行裁減」〔註91〕。劉銘傳計劃透過提拔優良軍官重新訓練軍隊，改變素質，使無用之兵變成有用之部隊，因此反對裁撤綠營，並且善加運用分散各地的綠營兵，「以汛兵改為隘勇郵丁」〔註92〕，其中汛兵充當郵丁的辦法，不但「南北文報毫無稽遲，所在稱便」而且每年為國家「撙節五、六千兩」的費用〔註93〕。

二、地方武力整合策

　　清末台灣地方武力可以分成四種組織：團練（民兵）、隘丁、屯丁、土勇，劉銘傳非常重視這些地方武力組織，將他們再度組織起來，並改進他們的戰

〔註84〕同上。
〔註85〕同上，「移設陸路副將酌撥營伍摺」（光緒十四年四月十五日），頁289。
〔註86〕同上。
〔註87〕同上，頁290。
〔註88〕同上，「遵議台灣建省事宜摺」（光緒十二年六月十三日），頁282。
〔註89〕朱壽明修纂：《光緒朝東華續錄選輯》，台灣銀行經濟研究室編印，台灣文獻叢刊第二七七種，頁140。
〔註90〕連橫：《台灣通史》，卷十三，軍備志，頁352。
〔註91〕同上。
〔註92〕同上，頁350。
〔註93〕《光緒朝東華續錄選輯》，頁158。

鬥力量〔註 94〕。

（一）團練

內地團練起源於雍正、乾隆時代，但至咸豐年間始行普及〔註 95〕。「團練即古者寓兵於農之意也。地方有事，城廂內外及村莊、里保，均團練壯丁，以資捍衛。蓋所以補營兵、營勇之不足，無事則負耒窮耕，有事則荷戈赴敵者也」〔註 96〕。於台灣，康熙六十年（1721 年）朱一貴亂後藍鼎元為善後處置，團練鄉兵；其目的在於防範盜賊，且於有事時從軍驅使〔註 97〕。故團練，「此古者民兵法也」〔註 98〕。雍正初年被裁撤〔註 99〕。道光二十年（1840 年），鴉片戰爭時，以英國侵略為轉機，台灣總兵達洪阿及台灣兵備道姚瑩，於台灣實施「聯莊團練」，咸豐七年（1857 年），團練有了更張，官頒發團練章程，諭飭地方設團練局，聯數街莊自籌經費，團練鄉勇〔註 100〕。同治元年（1862 年）戴萬生之亂已萌，新竹城之林占梅，偵知事在必發，傳集紳商，籌設保安總局，加以團練，為先事預防之計，亂平之後，福建巡撫徐宗幹奏請林占梅為「全台團練大臣」〔註 101〕。同治四年（1865 年）台澎道丁曰健，檄澎湖廳舉辦團練，設保定局〔註 102〕。同治十三年（1874 年）日本侵台，沈葆楨設台灣府團練總局〔註 103〕，至光緒七年（1881 年）分巡台灣兵備道劉璈，將團練

〔註 94〕 Speidel, William M., loc, cit., PP. 449～450.

〔註 95〕 Hsiao Kung-Chian, Rural China: Imperial Control in the Nineteenth Century（Seattle, 1960），P. 654.

〔註 96〕 諸家輯：《安平縣雜記》，台灣銀行經濟研究室編印，台灣文獻叢刊第五二種，頁 103。

〔註 97〕 藍鼎元：《東征集》，台灣銀行經濟研究室編印，台灣文獻叢刊第一二種，「請成保甲責成鄉長書」，「請權行團練書」。
戴炎輝：《清代台灣之鄉治》，台北，聯經出版事業公司，台灣研究叢刊，中華民國六十八年七月初版，頁 244。

〔註 98〕 《鹿洲初集》，卷二，「與吳觀察論治台灣事宜書」，載丁曰健：《治台必告錄》，台灣銀行經濟研究室編印，台灣文獻叢刊第一七種，頁 59。

〔註 99〕 伊能嘉矩：前書，上卷，頁 698。

〔註 100〕 戴炎輝：前書，頁 244～246。

〔註 101〕 林豪：《東瀛紀事》，台灣銀行經濟研究室編印，台灣文獻叢刊第八種，卷上，「北路防剿始末」。
戴炎輝：前書，頁 248。

〔註 102〕 林豪修：《澎湖廳志》，台灣銀行經濟研究室編印，台灣文獻叢刊第一六四種，卷十一，舊事志，紀兵。

〔註 103〕 杵淵義房：《台灣社會事業史》，台北，盛進商事株式會社，日本昭和十五年四月三日，頁 981～982。

總局改為「培元總局」（費用官給）〔註 104〕。光緒十年（1884 年），中法之役起，再將「培元總局」改為團練總局，奏請林維源為「全台團練大臣」，制定「全台團練章程」〔註 105〕。劉璈的團練制，「就組織上的整備而言，與同樣的團練制相比，實在冠絕古今」〔註 106〕。尤其是此團練制，考慮到地方的特別社會結構，而准「粵籍聚居者，另設『粵團』；閩籍族大而聚者，亦准分設『族團』」。而且從「開辦之日起，扣足一年，分別閩籍、粵籍，彙辦一次」〔註 107〕。蓋清末台灣分成閩族（福建族）和粵族（廣東族）二大族，兩族在氣質、言語及風俗習慣等有異，常常互相反目械鬥，與地方自治機關的保甲制度互為表裏的團練制，如果彼此混同編制，難免有感情衝突之虞，上述准設粵團，或族團的規定，以及自開辦之日起，滿一年後，粵籍、閩籍分別舉行一回大演習的規定，實有預防兩族間紛議的優點，在組織的設計上，避免內部衝突的發生，其用意似極周到〔註 108〕。

根據以上的討論，清代建省前台灣團練制的發展可以分成以下幾個階段：

發展階段	發展背景
1. 清領當初，義民制度的創設	清領初期社會混亂
2. 康熙六十年，藍鼎元的團練制	朱一貴之亂
3. 道光二十年，姚瑩道台的團練制	鴉片戰爭英軍侵台
4. 同治元年，林占梅及徐巡撫的團練制	戴萬生之亂
5. 同治二年，丁道台的團練制	防衛海盜
6. 同治十三年，沈船政大臣的團練制	日本侵略台灣
7. 光緒七年及十年，劉道台的團練制	改革及中法軍戰爭〔註 109〕

團練的發展與政治、社會面臨內在壓力與外在壓力有很大的關係，尤其建省前的團練制，在強大的外壓下，團練益趨組織化。

〔註 104〕諸家輯：《安平縣雜記》，台灣銀行經濟研究室編印，台灣文獻叢刊第五二種，頁 105。伊能嘉矩：前書，下卷，頁 700。

〔註 105〕劉璈：《巡台退思錄》第三冊，台灣銀行經濟研究室編印，台灣文獻叢刊第二一種，頁 246～253。

〔註 106〕杵淵義房：前書，頁 988。

〔註 107〕劉璈：前書，第三冊，頁 246、253。

〔註 108〕杵淵義房：前書，頁 988。

〔註 109〕同上，頁 977～978。

光緒十年（1884）劉銘傳保台抗法時，皆令「紳士等辦理團練以期聯練，官民一氣，上下翕然，可紓廑注」〔註110〕。「後劉銘傳駐台北，亦辦團練，奏請林維源為團練大臣，各府廳縣設總局，以名望紳士理之；下設分局，各鄉置團，劃為一段，以衛鄉里」〔註111〕。

（二）隘丁與隘勇之整頓

隘係防番機關之一種，台灣設隘防番，始於鄭氏創設屯田之時，番界設土牛線，防止生番逸出，不准漢人侵入〔註112〕。「歸清以後，仍沿其制」〔註113〕。「而墾田愈廣，漸入內山，官不能護，乃為自衛之計，設隘寮，募隘丁，以資捍禦」〔註114〕。

康熙六十一年，朱一貴亂後，福建巡撫楊景素奏請在迫近蕃界之處，豎石禁止越入，派兵巡防，是為官隘之始〔註115〕。故，不論官隘、民隘、設隘的目的，初為防範生番下山滋擾，保護界內開墾者之安全，維持至同治末年。

自光緒元年沈葆楨議開山以後，為開發內山茶、樟腦、木材之利，墾物更深入內山，乃變成專責保護在界外內山從事墾務之田寮、茶寮、腦寮、及出入番界民人之安全〔註116〕。光緒十二年，劉銘傳察從來隘制之有名無實，斷然廢止舊有官隘、民隘之別，參酌勇營之制，在北路、中路及宜蘭內山番界，組織隘勇新制〔註117〕。現在辦理撫番，沿山一帶均有調兵駐紮，飭令各處將隘首墾戶、隘寮、隘丁一概裁撤〔註118〕。新的隘勇直隸於巡撫北路者由大崁嵙撫墾事務總辦指揮；中路，受中路軍統領之節制，宜蘭則受北路宜蘭營之節制〔註119〕。新隘勇受轄表如下：

〔註110〕劉銘傳：前書，頁186。

〔註111〕連雅堂：前書，頁435。

〔註112〕連雅堂：前書，頁424。

王世慶：〈台灣隘制考〉，《台灣文獻》，第7卷，第3、4期，中華民國45年12月27日出版，頁7～25。

〔註113〕連橫：前書，頁424。

〔註114〕同上。

〔註115〕同上，頁425。

〔註116〕王世慶：前文，頁7。

〔註117〕伊能嘉矩：前書，下卷，頁806。

王世慶：前文，頁11。

〔註118〕王世慶：前文，頁11。

〔註119〕同上。

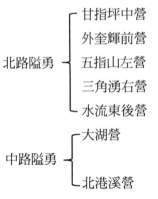

北路隘勇
- 甘指坪中營
- 外奎輝前營
- 五指山左營
- 三角湧右營
- 水流東後營

中路隘勇
- 大湖營
- 北港溪營

宜蘭隘勇：叭哩沙營〔註120〕

（三）屯丁與屯勇

屯丁的設置，乃乾隆五十一年（1780）林爽文之役，清將福康安率軍入台鎮壓，而「歸附各番奔走軍前」協助討賊，皆立有軍功，亂平定後，乃奏請以熟番設屯，從「九十三社之化番」挑選壯丁四千，以為屯丁〔註121〕。屯丁「與各處營汛官兵，聲勢聯絡，則稽核查察巡防，自行加備嚴密」，「遇有搜捕盜賊等事，又須聽候征調」〔註122〕。故，屯丁的設置，主要是以歸化的番人，捍禦內山番眾，乃以番制番的政策。

光緒十三年，劉銘傳根據詳細的調查研究，決定整頓屯丁，他說：

> 查屯丁世沐皇恩，佐平台亂，習居煙瘴，好勇耐勞，誠能訓練有方，
>
> 實較綠營遠勝〔註123〕。

劉銘傳認為屯丁只要有計劃的訓練與組織，遠勝綠營。於是「擬將全台番丁，認真裁汰，仍留原額四千」〔註124〕，「將屯丁編為番勇，嚴加訓練，輪班調防，以期兵歸實用，餉不虛糜」〔註125〕。劉銘傳的屯丁整頓，乃將其屯丁正式歸併於軍隊編制之內加以嚴密管制、操練，以補綠營兵之不足〔註126〕。

隘丁與屯丁雖弊病很多，但劉銘傳認為只要善加訓練，比綠營具備戰鬥力，而且建省後，百廢待舉，尤其撫番工作，倍極艱辛，隘丁與屯丁改制成隘

〔註120〕同上。
〔註121〕連橫：前書，頁404～405。
〔註122〕戴炎輝：前書，頁472。
〔註123〕劉銘傳：前書，「整頓屯田摺」（光緒十三年八月初二日），頁307。
〔註124〕同上，頁305。
〔註125〕同上，頁307。
〔註126〕同上。

勇、屯勇，成為地方性軍隊，歸巡撫指揮節制，可強化巡撫對台灣的控制，尤其是內山地帶，政治勢力一向薄弱，隘勇、屯勇正式編為軍隊，形成一有組織的武力團體，成為開發後山經濟的有力基礎。

（四）土勇

　　清末台灣土勇如何發展，本文限於資料無法作詳細討論，但是土勇在抗法保台的戰役中，「輔官兵不足」，貢獻很大，土勇能夠擁有戰鬥力，一定是經過一段時間的發展，而且經過訓練，並且得到相當的財力支持。清末台灣土勇中以霧峰林家所培養的土勇最為突出，據「台灣霧峰林氏族譜」記載：

> 咸豐四年五月，閩南小刀會匪竄擾台灣沿海，踪跡如飄風，官兵無如之何。……伯祖（即文察）感奮，率鄉勇二百人為前鋒，與賊戰於雞籠，破之〔註127〕。
> 咸豐九年閩中盜亂，總督檄伯祖募二千人內渡，……於時清兵，太平軍均用刀斧，我台勇獨用火繩鎗，射法素精〔註128〕。

由此可見台灣土勇的發展在十九世紀中期（咸豐四年，1854）已有相當規模，而且配備有近代槍械，「清兵、太平軍均用刀斧，我台勇獨用火繩槍」，素質比太平軍、清兵精良。土勇的發展與晚清台灣社會的變遷有密切的關係。滿清政府在十九世紀中期，受到叛亂的壓力，靠著地方士紳的支持或是忠心的「地方豪強」來維持其正統的權威，而漢人如曾國藩與李鴻章在政府的機構中，也得以建立自己的官僚組織〔註129〕。清末台灣的社會發展，也產生同樣的形態，豪強、地主首先以雄厚的財力組織土勇，靠土勇平亂建立武功取得功名，勢力穩固，獨霸一方，逐漸形成社會的領導人物，甚至影響地方政府。清末台灣地方政府勢力薄弱，豪強又有足夠的經濟基礎，更易促成土勇勢力的擴張。霧峰林家，從十九世紀中葉後，便是藉著土勇勢力的發展，參與平亂，建立功名，使得土勇領袖的家族權力，經由合法的途徑而逐漸壯大，終成清末台灣社會上的「大家」豪族。如林文察、林朝棟父子就是典型的例子。〔註130〕

〔註127〕台灣銀行經濟研究室編印：《台灣霧峰林氏族譜》，台灣文獻叢刊第二九八種，頁117。
〔註128〕同上。
〔註129〕Johanna M. Meskill 著，溫振華譯：〈霧峰林家──一個台灣士紳家族的興起〉，《台灣風物》，第29卷，第4期，頁8。
〔註130〕同上，頁7。

　　台灣土勇在中法戰爭中扮演了重要的角色，以下根據劉銘傳的記載，說明土勇如何協助抗法：

「官紳堅請招土勇數千，以輔官兵不足」

「練董武舉王廷理、周玉謙等捐資募勇三百人」

「發款飭王廷理等增募三百人」

「新竹紳郎林汝梅，募練勇二百人守新竹」

「遊擊張得貴合練勇五百人」

「滬尾南岸觀音山一帶，曾令添募土勇八百名」

「曹志忠所部現紮五堵，並添募土勇千人分駐六堵、大武崙一帶」

「蘇德勝新募土勇千人駐防水返腳」

「以兵數言，除宜蘭土勇千人外，台北通計一萬三千人」。

「林朝棟率土勇五營分紮暖暖、六堵一帶，林朝棟為殉難福建提督
林文察之子，自籌資餉，帶勇五百人，經臣派駐暖暖，統率各團土
勇，……督戰有功」〔註131〕。

在抗法保台的戰役中，動員的土勇，連宜蘭在內，約有一萬四千多員以上，南北土勇不下三十營〔註132〕，這些土勇大部份是地方上的紳士「自籌資餉」、「捐資募勇」方式而來。從以上資料，當時土勇的領導人物以霧峰林朝棟為主，其他尚有王廷理、周玉謙、林汝梅、劉廷玉、陳維樂、蘇樹森等〔註133〕。

　　光緒十一年十月，劉銘傳上奏「全台上年新招防勇，自本年三月起，業經次第撤裁」〔註134〕，除「林朝棟、張李成兩營土勇，能戰能守，仍留辦防外，其餘已經臣將台北土勇補發欠餉，陸續遣歸，台南亦令陳鳴志點驗清查，立行裁撤」〔註135〕。新招土勇甚多，其中能戰能守具有戰鬥力者並不多，基於「節餉需」，乃大部份裁撤。但1885年全台土勇尚有六營的軍力，分派如下：

副將張兆連率有土勇一營，駐防埤南後山一帶

道員林朝棟率有土勇二營，駐防新竹、後壠一帶

提督劉朝祐率有土勇一營，駐防台北城

〔註131〕劉銘傳：前書，卷三保台略，頁163～198。

〔註132〕同上，「請加恩總兵吳鴻源片」，頁379。

〔註133〕同註132。

〔註134〕劉銘傳：前書，「撤留勇營綜計款目請撥餉需摺」（光緒十一年十月二十五日），
　　　　頁339。

〔註135〕同上，「請加恩總兵吳鴻源片」，頁379～380。

　　　　總兵剪炳南率有土勇一營，駐宜蘭、蘇澳海口

　　　　提督孫開華率有土勇一營，駐防滬尾〔註136〕

土勇與湘勇、淮勇同為台灣建省後的重要防衛武力，這是可以斷言的。劉銘傳能夠結合這些土勇，並且納入其指揮之下，對於他推行洋務運動的種種新政，必然得到不少助力。

三、湘淮兩軍整合策

　　清末鎮壓太平軍有功而形成的軍系有湘軍、淮軍。湘軍為曾國藩所建立，淮軍由湘軍分出，為李鴻章所建立〔註137〕。但此兩軍系，「各為其共同政治利益謀團結、求發展，對於異系自然有排斥、有攻訐，也有傾軋」〔註138〕。兩軍系間的衝突，以湘系的左宗棠和淮系的李鴻章的對立，最為明顯〔註139〕。

　　淮系的劉銘傳與湘系的左宗棠，也素交惡〔註140〕，而劉銘傳來台前的台灣道劉璈，為「湘軍將大學士左文襄公舊部」〔註141〕，兩軍系間的衝突與掣肘在最危機的抗法保台之戰中，顯露無遺，故有「台灣之暴，莫大於劉璈」〔註142〕之說，甚有「左相之來，年且八十矣，誠若李相之豁焉大度，盡遺關、陝之嫌，則劉璈與守謨之謗，將斥不行，李彤恩之難，且將不作」〔註143〕。

　　劉璈雖被革職，離開台灣，但所屬二萬湘軍，其中「台北湘軍服公（銘傳）無變而「台南湘將三倍於北軍，內外交訌」〔註144〕，劉銘傳又必須借重他們，因此須要把這些湘軍併入他的軍隊系統中，並且有效地指揮。

　　劉銘傳密保陳鳴志台灣道是最重要的整合之道，劉銘傳說：「台南全係湘勇，其廢弛虛冒，積弊已深，一時未能概遣，所有營官統領，固多劉璈私暱，

〔註136〕同上，「撤留勇營綜計款目請撥餉需摺」（光緒十一年十月二十五日），頁339。

〔註137〕王爾敏：《淮軍志》，台灣商務印書館，民國56年11月初版，第一章：成立的由來。

〔註138〕同上，頁385。

〔註139〕Spector, Stanley, Li Hung-Chang and the Huai Army: A Study in Nineteenth-Century Chinese Regionalism（Seattle, 1964）P. 79～82.

〔註140〕同註22。
　　　　莊練：《中國近代史上關鍵人物》，台北，四季出版社，民國68年1月，頁189～226。

〔註141〕劉銘傳：前書，「保台略序三」（陳澹然作），頁12。

〔註142〕同上，「懲暴略序十」（陳澹然作），頁41。

〔註143〕同上。

〔註144〕同上，頁42。

其中不無可用之才。陳鳴志籍隸湖南，查察較易」〔註145〕。

　　劉銘傳又提拔湘系萬國本為台灣鎮總兵，萬國本「實心辦事，勤苦耐勞，軍民交頌」〔註146〕。以一位「軍民交頌」的湘系軍官為總兵，駐防台南，也是劉銘傳能整合在台湘軍的關鍵。

　　雖然劉銘傳克服了統轄湘軍的問題，但在兵力的配備上，劉銘傳仍舊把自己所屬的淮軍（包括銘軍）分派在靠政治重心的台北地區，巡撫駐在地，以及戰略性極其重要的澎湖島，而大部份的湘軍及綠營兵，分派在劉璈過去所控制的南部地區〔註147〕。表4-4是光緒十一年十月（1885）撤留勇營後，各地兵力分派情形：

表4-4　劉銘傳軍隊布署情形表

軍隊布署 / 駐防地帶		楚　軍	練　兵	土　勇	淮　軍	其　他
南部與後山地區	台南府城、安平海口	四營				安平砲勇三哨
	鳳山、旗后港口	三營				砲勇二哨
	埤南、後山一帶	二營		一營		
中部地區	嘉義、埔裏社一帶		二營			礮勇一營
	彰化、鹿港一帶	三營				
	新竹、後龍一帶			二營		
北部地區與澎湖	台北府城			一營	三營	礮隊二哨
	基隆				三營	
	宜蘭、蘇澳港口	一營		一營		
	滬尾（王貴陽）				四營	
	滬尾（孫開華）	三營		一營		親兵三哨

※滬尾兩軍中一軍移駐澎湖〔註148〕

〔註145〕同上，「密保陳鳴志署台灣道片」，頁431。
〔註146〕同上，「請休致台灣鎮總兵片」（光緒十四年二月），頁400。
〔註147〕Speidel, William M., loc. cit., P. 451.
〔註148〕劉銘傳：前書，「撤留勇營綜計款目請撥餉需摺」（光緒十一年十月二十五日），頁339。

湘軍（楚勇）十六營中，只有四營（三營在滬尾，一營在宜蘭）餘十二營都分派在彰化以南之地區，這地區乃原台灣道劉璈所控制的地區，而淮軍中十營全部在北部，而且集中在台北附近；新竹、後壠地帶，則由接近劉銘傳的林朝棟統率，非湘系淮系的土勇二營防衛，這樣的軍事防衛佈置顯示出省的行政權力在北部有強硬的實質力量為其後盾，中部次之，南部湘軍地盤省的行政權力勢必較弱。但就湘系、淮系在台灣的整合，確是一向與湘系不和的劉銘傳的成功之處。

四、武職人員的整頓

劉銘傳改革軍事的焦點放在人員的管理上，他一方面主張破除成例求將才，一方面又著手嚴格管理其屬下。

台灣建省後，財政上必須自主，但「全台入款，正供外僅恃關稅釐鹽，抵餉不過九十萬。撤軍而後，存者三十五萬，軍餉雜支，至少需百五十萬，而設防建省不與焉」，以閩省援助台餉四十四萬，為期五年，加上台灣的歲收，勉可供給台灣軍餉雜支〔註149〕。台灣建省初期，財政上如此拮据的情況下，劉銘傳在整頓軍政時，就必須嚴厲禁止下屬的貪污行為，況且台灣軍隊「將貪卒惰，虛名空額，習為故常」〔註150〕，更促使劉銘傳積極杜絕將兵額外收入的來源。

劉銘傳在彈劾劉璈的罪狀中，對劉璈貪污兵餉有很詳細的描述，「台南三十營湘軍月餉，由管帶、幫帶各具印領，勒寫二千九百四十餘兩，除例少勇百人繳歸劉璈外，另扣空額截曠銀多少不一。每營定章長夫一百九十二人，照數請領後，須繳還夫價銀三百八十兩，內有管帶、幫帶如副將姚秀芳等，每月由劉璈給薪水數十兩，兵餉由劉璈內帳房給發，所有公費、夫價空額，均歸劉璈，名曰包營」〔註151〕。

劉璈的門生，彰化紳士林文欽，亦被劉銘傳參奏空領軍餉，將其革職，並勒令將所侵餉項銀一萬六千餘兩全數繳還〔註152〕。這是劉銘傳嚴厲禁止軍中貪污的先聲。但是，軍中將官貪污的情形並未消滅。

〔註149〕同上，「陳請銷假到閩會商分省協款情形摺」（光緒十二年五月初七日），頁278。

〔註150〕同上，「密陳武備廢弛亟宜整頓並遵保將才摺」（光緒十二年閏四月二十日台北府發），頁137。

〔註151〕同上，「嚴劾劉璈摺」（光緒十一年五月廿六日），頁427。

〔註152〕同上，「奏參林文欽片」，頁440。

劉銘傳雷厲風行，對貪污的將官，均以革職，如記名提督方春發，與總兵桂占彪〔註153〕。劉銘傳在台灣期間整頓的武官如下：

提督　李定明、方春發、柳泰和

總兵　桂占彪、吳光亮、吳忠勝

副將　龍斌概、林福喜、酆炳南、張福勝、潘高陞

參將　張欣

游擊　劉全、鄭榮、翁曦、鄭有勤

都司　范治鈞

守備　侯作美　張安珍〔註154〕

上列人員中，懲治的理由有（1）勇數空額、防兵缺額、剋扣餉銀者，屬於此類者多數革職永不敍用，（2）習氣太深、聲名狼藉、操防廢弛者，屬此類者也多數革職等。

當時一位外國人就指出劉銘傳嚴禁軍中貪污的舉動確實給官員們有相當的覺悟，「在台灣南部，劉巡撫是一個不受歡迎的人物，因為私用公款從此不可能了，軍餉只發給實際服役之人。劉巡撫是徹底的改革者，並付之行動；因而對其革除貪污的運動，在軍中產生了一批與他作對之人」〔註155〕。

劉銘傳雖嚴厲懲罰貪污，整頓不盡職的官員，但也極力獎賞盡職的官員，比如，他挺身推薦抗法戰爭中打敗仗湘系軍人王詩正，請朝廷獎賞。朝廷認為「軍營保獎人員，必須打仗獲勝，或扼守要隘等項，實在著有勞績，方足膺懋賞而昭激勸」〔註156〕，但劉銘傳仍然極力推薦王詩正。

劉銘傳為提高軍隊的士氣，有兩個很重要的措施，一是卹撫，一是退役軍人就業輔導。關於撫卹軍劉銘傳的作法如下：

> 台灣煙瘴之鄉，營哨官弁，幫辦文武員弁歿於軍營者尤眾，旅櫬不能還里，紛乞川資，實堪憐惻。若不量加賙卹，坐令暴屍海外，甚非朝廷矜憫戰士之心。臣仍照故江督沈葆楨舊章，營官病亡，卹銀

〔註153〕同上，「參記名提督方春發剋扣餉銀片」，頁440～442。

〔註154〕參閱張世賢：《晚清治台政策》（1874～1895），「附錄二光緒朝整頓台灣吏治營政表」，台北，私立東吳大學中國學術著作獎助委員會，中華民國67年6月出版，頁334～337。

〔註155〕Speidel, William M., loc. cit., P.451.

〔註156〕劉銘傳：前書，「嚴減基滬立功將士懸照前單給獎摺」（光緒十一年十月初六日），頁380～381。

三百兩，哨官一百兩，其次幫辦委員提鎮給銀一百兩，都守以上給銀五十兩，以下給銀三十兩。（文員州縣以上給銀一百兩，佐雜給銀五十兩）〔註157〕。

關於退役軍人，留在台灣者，劉銘傳安排他們就業。1887年在劉銘傳的贊助下，進口兩百輛黃包車（人力車），一在台北城內外，一在台南安平間通行，使他們賺錢維生，劉銘傳在台北府城市舖設了幾條石板路，於是新的交通工具很快地在台北流行〔註158〕。

光緒十一年七月，劉銘傳為了表彰淮楚兩軍在抗法戰爭中死傷的一千六百餘名將士，請准於台北府城建立淮楚昭忠祠一所，由官致祭戰死將士，以彰忠盡而肅觀瞻〔註159〕。

劉銘傳的軍事改革，將台灣島上的一切武裝力量，全面納入他的指揮系統下，他以自己的淮軍為基礎，並巧妙地控制湘軍系統（時湘軍在台營數多於淮軍）。然而他真正的政治勢力，並沒有普及於全島，又為加強他的政治勢力，重用土勇系統，以林朝棟坐鎮湘淮兩軍的中間地帶，並有意使其勢力坐大，成為台灣中部的首要人物，對劉銘傳有效控制中部有很大的貢獻。

任何政治改革、行政改革，都必需有強硬的武力為後盾，劉銘傳在台灣的政治、經濟改革都是非常激烈的變動，尤需要武力為後盾，擅於軍事策略的劉銘傳，在軍事改革上的努力，使他敢於進行重大的改革。

第三節　清賦事業

光緒十一年6月18日（1885年）劉銘傳上奏「條陳台澎善後事宜摺」，即向清廷提出其台灣資本主義化的構想——「富國強兵政策」〔註160〕，在其台灣資本主義化的構想中，劉銘傳須要龐大的經費支持，但劉銘傳也發現經

〔註157〕同上，「劃一統費長夫草價並卹病亡將士片」，頁341。

〔註158〕伊能嘉矩：《台灣巡撫としての劉銘傳》，台北新高堂書店，明治三十八年六月十日發行，頁91。

〔註159〕劉銘傳：前書，「請卹戰死將士建昭忠詞摺」（光緒十一年七月二十八日），頁296。

〔註160〕同上，「條陳台澎善後事宜摺」（光緒十一年六月十八日台北府發），頁146～149。

江丙坤：《台灣地租改正の研究》，東京，東京大學出版，1971。

江丙坤：《台灣田賦改革事業之研究》，台灣銀行經濟研究室編印，台灣文獻叢刊第一〇八種，中華民國61年6月出版，頁160。

費的來源——實施清賦〔註161〕，即以「地賦」的稅收支持近代事業的經費。這個事業，一方面在確保台灣資本主義化的物質基礎為其主要課題，在另一方面卻有改變土地制度，即促使土地所有權近代化的功能〔註162〕。

在實施清賦之前，劉銘傳先試算台灣的財政收支：

> 查台灣田產，甲於東南，一年兩熟。淡水一縣，每年額徵錢糧銀僅七百八十餘兩，官莊穀繞九千餘石。宜蘭一縣，錢穀無徵。其餘各縣，糧稅亦寡。通計全台鹽、茶、百貨稅釐，歲入銀壹百零數萬兩。核以台澎三十五營之餉，歲需百二十萬，乃適相資。惟輪船經費，一切雜支，並須添設製造局，歲需銀約百五十萬兩，所虧實多。若能將各縣賦稅一律清查，以台灣之人，供台灣之需，尚可有盈無絀〔註163〕。

當時台灣歲收約一〇〇萬兩，整頓各項稅收，和剔除中飽私囊後，可歲收一百二十萬兩，這些剛好是相等於台灣、澎湖的駐軍三十五營的費用。但是，船艦和製造局等的增設費用，需要一百五十萬兩，前記一百二十萬兩的收入就大大的不足。若各縣一律清查賦稅，不但充足夠用，而且還有剩餘。其清賦事業的構想，在這時（光緒十一年6月18日）已確立，並且還認為此種事業在一、二年內，即可收到實效。於是在光緒十二年4月18日（1886），劉上奏「量田清賦申明賞罰摺」，向清廷提出實施清賦，他說：

> 期於三、五年後，以台地自有之財，供台地經常之用，庶可自成一省，永保巖疆。（中略）今田園賦稅，率土輸將，乃司農歲入之常經，列代保邦之大法，舍而不計，徒乞鄰疆，雖舌敝唇焦，緩急終不可恃〔註164〕。

因之，清賦的目的，要建立「以台灣本地之財，供本地之用」的財政自立〔註165〕，達到防衛台灣之目標。換句話說，以清賦事業，建立財政基礎，推行富國強兵的政策。

為了增加田賦，確立台灣的財政基礎，對於「台灣田產，甲於東南，一

〔註161〕劉銘傳：前書，「條陳台澎善後事宜摺」（光緒十一年六月十八日），頁147。

〔註162〕江丙坤：前書（台銀本，後同），頁1。

〔註163〕劉銘傳：前書，「條陳台澎善後事宜摺」（光緒十一年六月十八日），頁147～148。

〔註164〕同上，「量田清賦申明賞罰摺」（光緒十二年四月十八日），頁303～304。

〔註165〕同上，「覆陳台省初分各局艱難裁併摺」（光緒十五年二月十三日），頁299。

年兩熟」〔註166〕，優裕的經濟條件，政府卻徵收極微的田賦之問題，劉銘傳仔細的研究，而且「細訪民間賦稅」，發現「民間賦稅，較之內地，未見減輕，不勝驚愕久之。察所由來，皆係紳民包攬」〔註167〕。此即「台灣田產，甲於東南，一年兩熟」的土地生產所得，只有其中的部份納入「正供」，餘大部份都由紳民包攬，形成民間賦稅。欲明瞭劉銘傳這句話所蘊含的真情，必須了解清代台灣的土地所有關係，及與土地相關連的種種關係。本文不擬詳細解明清代台灣土地之所有形式之成立、轉變之過程，與清代台灣土地所有形態下之地租關係〔註168〕，僅說明長期支配了台灣田制的一田三主制〔註169〕，即大租戶──小租戶──現耕佃戶的關係，以及說明「民間賦稅」之土地生產所得之大部份，為何由紳民包攬。

〔註166〕同上，「條陳台澎善後事宜摺」（光緒十一年六月十八日），頁147。

〔註167〕同上，「量田清賦申明賞罰摺」（光緒十二年四月十八日），頁304。

〔註168〕關於探討清代台灣土地所有形態與其地租關係請參考：

（1）東嘉生：《台灣經濟研究史》，台北，東都書籍株式會社台北支店，日本昭和十九年十一月五日出版，頁175～288。

（2）江丙坤：前書，頁9。

（3）張漢裕：《日據時代台灣經濟之演變》，台灣經濟史二集，台銀台灣研究叢刊第三二種，頁74。

（4）王益滔：《光復前台灣之土地制度與土地政策》，台灣經濟史十集，台銀台灣研究叢刊第九○種，頁52～67。

（5）戴炎輝：〈清代台灣之大小租業〉，《台北文獻》，第4期，民國52年7月，頁1～47。

（6）戴炎輝：〈台灣大小租業及墾田關係（座談會）〉，《台灣文獻》，第14卷第2期，中華民國52年7月1日。

（7）黃富三：〈清代台灣土地問題〉，《食貨雜誌》，第4卷第3期，民國63年6月，頁13～24。

（8）Edgar B. Wickberg, "Late Nineteenth Century Land Tenure in North Taiwan", Leonard H. D. Gordon（ed.）, Taiwan: A Studies in Chinese Local History（Columbia University press, 1970），pp. 78～88.

〔註169〕東嘉生：前書，頁72。

黃富三：前文，頁82。

一田三主制指大租戶、小租戶、現耕佃農三層關係；另外也有以現耕佃農不是地主，而改稱一田二主制。主張前說者如江丙坤、張漢裕；主張後說者如黃富三、程家潁（《台灣土地制度考查報告書》作者，台銀文叢第一八四種）。關於一田兩主制與一田三主制的詳細情形，可參閱仁井田陞：《中國法制史研究──土地法、取引法》，東京大學出版，1960年8月第一刷發行，「福建の一田兩主および三主慣習」，頁198～209。

一、小租戶與土地業主權

所謂一田三主制的關係如下：

大租戶（墾戶，大租權）→小租戶（原佃戶，業主，小租權）→耕佃人
　　　　　　（大租）　　　　　　　　　　　　　（小租）

首先說明大租戶——小租戶——耕佃人〔註170〕之間的關係，以及三者之土地權利關係：

大租戶，係依據契約，每年向小租戶收取稱為大租的租穀者，大租權即指這種收益權而言，對土地不具備任何權利〔註171〕。小租戶，是一方面負有繳納大租的義務人，另一方面卻握有土地的實權。換言之，小租戶是基於小租權的內容而佔有土地，同時具有自由使用收益的權利。這種權利，一般稱為「業主權」，小租戶即為「業主」〔註172〕。「現耕佃人」，是向他人租借土地從事耕作的佃農，其關係是由契約成立的，「佃人」有耕作收益權（債權），同時對地主的小租戶，負有繳納如下的地租，即「田通常為全收獲十分之四乃至十分之六，一甲約六石乃至五十石，則一甲約五圓乃至三十五圓內外」的義務〔註173〕。

一田三主制中，以小租戶取得土地實權之發展最為重要，小租戶的土地實權，從永租權演變而來，最後才肯定了小租戶的業主權。小租戶為何能取代大租戶，成為土地的實權者？這是一個值得深究的社會經濟問題。大租戶與小租戶，原係墾佃關係：即富家士紳或其他強有力者（後之大租戶），請領官地，招佃（後之小租戶）開墾，這種墾佃制度大概在1684～1795年（康熙、雍正、乾隆）之間，最為普遍〔註174〕，此一時期，墾戶雖然「內則有幾百千甲的土地，外則代表幾百千農民，聲威顯赫，有如小諸侯」〔註175〕，但除徵收租稅外，與土地沒有直接的關係，但佃戶（後之小租戶）世代從事土地的耕作，故逐漸掌握了土地的實權，事實上成為此土地的地主。原佃戶掌握了

〔註170〕江丙坤：前書，頁11。
　　　　黃富三：前文，頁77。
　　　　李亦園：《台灣傳統的社會結構》，頁1～7。
　　　　東嘉生：前書，頁720。
〔註171〕江丙坤：前書，頁9～10。
〔註172〕同上，頁10。
〔註173〕同上。
〔註174〕王益滔：前文，頁63。
〔註175〕東嘉生：前書，頁70。

土地的實權，可以自由處分其所支配的土地，乃就其所經營的土地，轉貸於佃人（現耕佃人），並收取小租。於是在同一土地，發生了大租、小租兩種租權[註176]。而 1796～1875 年間（嘉慶至光緒初年）乃是大租戶逐漸衰弱，小租戶逐漸抬頭之期[註177]亦即小租權確立的時期。以下根據東嘉生的統計，說明大租戶、小租戶從獲得「民間賦稅」累積財富，尤其是小租戶財富的累積，造成其社會勢力的抬頭。大租戶收取大租有等則之定例[註178]，小租戶收取小租大抵為全收獲的十分之四[註179]，且不根據等則[註180]現為計算方面起見，假定其與大租同等則。表 4-5 是道光以前的田園每甲的大租戶、小租戶所得情形表。表 4-6 是道光年間改用銀納制度後大小租戶每甲的所得情形。表 4-7 是清賦前大、小租戶每甲所得情形。

表 4-5 道光以前大小租戶每甲地租所得情形：　　　　　　　　單位：石

田園等則	田			園		
	上	中	下	上	中	下
小租額	32.00	24.00	16.000	8.000	16.000	8.000
大租額	8.00	6.00	4.000	6.00	4.000	2.000
田賦正供	2.74	2.08	1.758	2.08	1.758	1.716
小租戶純所得	24.00	18.00	12.000	18.00	12.000	6.000
大租戶純所得	5.26	3.92	2.242	3.92	2.242	0.284

資料來源：東嘉生著，《台灣經濟史研究》261～266 頁材料編製。

表 4-6 道光年間改用銀納制大小租戶每甲地租所得情形　　　　單位：圓

田園等則	田			園		
	上	中	下	上	中	下
小租額	40	30	20	30	20	10
大租額	8.80	6.60	4.40	6.60	4.40	2.20

[註176] 同上，頁 72。
[註177] 王益滔：前文，頁 63。
[註178] 東嘉生：前書，頁 266。
[註179] 同上，頁 265。
[註180] 同上，頁 266。

田賦正供	5.48	4.16	3.516	4.16	3.516	3.432
小租戶純所得	31.2	23.4	15.6	23.4	15.6	7.8
大租戶純所得	3.32	2.44	0.884	2.44	0.884	1.232

資料來源：東嘉生著，《台灣經濟史研究》271～273頁材料編製。

備註：道光二十三年（1843年）正供改為銀納制，同時大租與小租亦採銀納制〔註181〕。

表4-7　清賦前大小租戶每甲地租所得情形 　　　　　　　單位：圓

田園等則	田			園		
	上	中	下	上	中	下
小租額	80.15	60.12	40.08	50.10	33.40	16.70
大租額	14.72	11.04	7.36	11.04	7.36	3.68
田賦正供	5.48	4.16	3.516	4.16	3.516	3.432
小租戶純所得	65.36	49.08	32.68	39.06	25.04	13.02
大租戶純所得	8.24	6.88	3.844	6.88	3.844	0.248

資料來源：東嘉生著，《台灣經濟史研究》280頁材料編製。

　　假定這三個統計表的統計數字是接近事實的地租形態，可以獲得如下的結論：

　　第一：小租戶給與大租戶的地租，雖無固定的標準，大體為全收獲的十分之一〔註182〕，小租戶與現耕佃戶的地租，大體為全收獲的十分之四，故小租戶固有的「民間賦稅」可以維持每甲全收獲的十分之三的收入，由此可見，小租戶在這種民間賦稅的地租結構下，很幸運地逃避了上層結構的經濟壓迫。小租權確立後，使小租戶有固定的一定分量生產的收入，成為非單純的勞動力者，而以企業者的資格，從事生產，並累積財富，而轉化資本家的佃作制下的小地主〔註183〕。

　　第二：小租戶與大租戶，「民間賦稅」的純所得，如以上田的租額為例，表4-5兩者之比數約為五比一，表4-6之比約為十比一，表4-7約為八比一，

〔註181〕同上，頁270。
〔註182〕同上，頁72。
〔註183〕同上，頁278～279。

因之小租戶從「民間賦稅」累積財富速度比大租戶為速，並在長期的穩定的情況下，小租戶不但取得土地實權，累積財富，並有多餘的精力，從事提高社會地位，這是清代中期以降，農民社會勢力的抬頭〔註184〕。尤其是道光二十三年，台灣的正供（地租），由穀納制變為銀納制後，大租戶的所得，由於正供的實質增額關係（賦率一漲二倍），受到損失，反之，小租額則與過去一樣，幾無變動。這就可證實大租戶勢力的相對減退〔註185〕，亦即農民勢力（小租戶，原佃戶）的抬頭。

　　由於小租戶勢力的抬頭，（包括財富累積與社會地位的提高）而且這一階層的勢力相當雄厚。據江丙坤研究指出，清末台灣的負有大租的土地計三七一、六七二甲（占六一九、二八七甲的十分之六），大租權利人有三九、七九九名，義務人（納大租者──小租戶）為三〇〇、一三五名〔註186〕。由此可推定，小租戶階層的抬頭，成為台灣傳統社會中間階級中最重要的社會勢力，亦即介於傳統士紳豪族與下層勞動者間的中間勢力，馬若孟（Ramon H. Myers）先生認為「台灣傳統社會中間階級比近代歐洲還要多很多，若果如此，這個發現對於評定近代中國生活素質的問題具有無比的重要性」〔註187〕。小租戶勢力抬頭代表台灣移墾社會的新興勢力，這個新興勢力的形成，可能是近代台灣社會變遷或轉型中最主要的動力〔註188〕。如果以 Everett E. Hagen 討論 How Economic Growth Begins: A Theory of Social Change 的理論〔註189〕或是 David C. McClelland 的 The Achievement Motive In Economic Growth 的

〔註184〕同上。

〔註185〕同上，頁 270～273。
　　　　王益滔：前文，頁 63。
　　　　1843 年，正供改為銀納制，同時大租與小租亦採銀納制。但當時穀一石的價格為一圓左右，然正供穀一石則以二圓之比例增收，故大租戶大租所得，幾乎減少了一半（東嘉生：前書，頁 270）。

〔註186〕大藏省編：《明治大正財政史》，第 16 卷，日本昭和一五年，頁 217。
　　　　「第五回事業報告」，頁 112。
　　　　江丙坤：前書，頁 11。

〔註187〕Ramon H. Myers, "Taiwan under Ching Imperial Rule, 1684～1895: The Traditional Society", The Journal of the Institute of Chinese Studies of the University of Hong Kong No. 2, Vol. 5,（1972）., P. 429.

〔註188〕戴國煇：前文，前書，頁 273。

〔註189〕Everett E. Hagen, "How Economic Growth Begins: A Theory of Social Change", Jason L. Finkle, Richard W. Gable（eds,）, Political Development and Social Change, Sec. ed.,（New York John Wiley & Sons, Inc., 1971）, PP. 73～82.

成就動機理論〔註190〕，將可更清楚明瞭，小租戶從原先的社會結構中，如何突破社會制限，創造出新的經濟成就，並逐漸在政治上取得影響力。

造成紳民包攬「民間賦稅」的條件，除上述經濟條件外，還有政治上的條件，清代台灣是所謂「化外之地」，乃清朝中央權力「鞭長莫及」的邊疆地帶，稅收繳納到戶部（中央主管財務）的管道，自然無法產生良好的機能〔註191〕，加上更壞的現象，即行政系統方面，施政已成僵硬狀態，一是惡德官吏趁中央權力「鞭長莫及」之便，中飽私囊，一是清朝派至台灣的官吏，多屬無能之輩〔註192〕。況且台灣是新開拓地，開墾的情形隨時間與地域而產生不同的土地關係〔註193〕，經過二百年長時期的統治期間，與土地牽連的諸種關係，當然有很大的不同，但這中間，從未舉行土地清查〔註194〕，其結果地租負擔的輕重不同，「台灣自隸版圖，田園未經清丈，供賦輕重，南北懸殊」，如台灣、鳳山、嘉義三縣的征供，皆沿鄭氏原租，賦征極重，續闢之彰化、淡水、噶瑪蘭各廳縣，均照同安下沙則折征供粟，賦額極輕〔註195〕。移墾之區經過二百年從未舉行土地調查，與官方權力支配系統長期都呈薄弱狀態，自然助長掌握土地實權的大小租戶的跋扈（新開拓之區，土地是最重要的資源）。難怪劉銘傳「細訪民間賦稅，較之內地，未見減輕，不勝驚愕久之」〔註196〕，終造成「正供糧課，毫無續報升科，如台北、淡水，田園三百餘里，僅征糧一萬三千餘石，私升隱匿，不可勝窮」〔註197〕的地步。

但是容許有力小租戶的抬頭和民富的形成，卻是清末台灣政治上、經濟上有利的環境，尤其對洋務運動有莫大的推進作用。

〔註190〕David C. Mc Clelland, "The Achievement Motive in Economic Growth," Jason L. Finkle, Richard W. Gable（eds.）op. cit, PP. 83～100.

〔註191〕戴國煇：前文，前書，頁282。

〔註192〕同上。

〔註193〕同上。

〔註194〕同上。
Ramon H. Myers, "Taiwan under Ching Imperial Rule, 1684～1895: The Traditional Economy"., The Journal of the Inst-itute of Chinese Studies of the University of Hong Kong, No. 2, Vol. 5,（1972），P. 407.
劉銘傳：前書，「台畝清丈將竣擬仿同安下沙定賦摺」（光緒十三年九月二十四日），頁308。

〔註195〕劉銘傳：前書，「台畝清丈將竣擬仿同安下沙定賦摺」（光緒十三年九月二十四日），頁308。

〔註196〕同上，「量田清賦申明賞罰摺」（光緒十二年四月十八日），頁304。

〔註197〕同上。

二、清賦過程

光緒十二年秋起開始進行清賦事業，十五年來末大體完成。整個清賦事業進行的過程中，可以分成一、重新組織保甲，二、是根據新的保甲資料，進行清丈，三、宣佈新的納稅義務人，四、公布新的土地稅制，以下僅就上述四個重點扼要討論〔註198〕。

重編保甲的作用，主要目的固然是「就戶問賦」〔註199〕，做為清賦事業之第一步所考慮者，乃因為調查土地與民心士氣有關，況「台灣民風強悍，一言不和，拔刀相向，聚眾挾官，視為常事」〔註200〕，欲「假保甲以清理田賦」〔註201〕，避免因清賦引起反抗所以先辦保甲為宜，劉銘傳命令各府縣於二個月內將戶口編查完成〔註202〕。雖然先編保甲，最後仍無法保證不因清賦而起反抗（後述）。重新組織保甲的作用，固然沒有達到防止因清賦而起反抗的目的，但劉銘傳重編保甲資料，卻在台灣割讓後，給日本統治台灣當局，作了最大的利用〔註203〕。保甲重新組織後，開始清丈，除選定專門人才（自內地選任的清丈委員、差役、書弁）會合地方的紳士至實地丈量，因「清賦事業最為繁雜，故民情方面為避免有上下隔絕之弊，除委員外需有邑紳等補佐其事務，用以協調疏通官民之必要」〔註204〕，此地方紳士殆係「地方上有財產名望之士」。

清丈在台灣田賦制度史上的貢獻有一、首創了地籍圖與台帳，並編土地之地號、縣圖、堡圖、莊圖、區圖、散圖、八筐魚鱗冊、簡明總括圖冊、田賦

〔註198〕以劉銘傳「清賦事業」為主的專題研究，有：

黃富三：《劉銘傳清賦事業與土地改革》，國立台灣大學歷史研究所碩士論文，中華民國56年7月（未出版）。

江丙坤曾以劉銘傳的「清賦事業」完成《台灣地租改正の研究》一書，（東京大學出版，1971年）。

〔註199〕臨時台灣土地調查局：《清賦一斑》，日本明治三十三年十二月二十八日發行，頁13。

〔註200〕劉銘傳：前書，「量田清賦申明賞罰招」（光緒十二年四月十八日），頁304。

〔註201〕程家穎編輯：《台灣土地制度考察報告書》台灣銀行經濟研究室編印，台灣文獻叢刊第一八四種，頁8。

劉銘傳：前書，頁304。

〔註202〕江丙坤：前書，頁18。

〔註203〕戴國煇：前文，前書，頁284。

〔註204〕《清賦一斑》，頁23。

歸戶冊〔註205〕。二、對各業主交付「丈單」（土地所有權狀）〔註206〕此種官府交付的「丈單」，在台灣土地制度史上，與魚鱗冊同樣具有劃時代的意義。日本據台後，則以此「丈單」為依據，查定業主權〔註207〕。

　　劉銘傳的清賦事業，本以清理賦稅，增加稅收為主要目的，但劉銘傳宣布將「丈單」一律以小租戶為交付對象〔註208〕，將業已不分明的土地業主權之歸屬所在，從法律的立場予以確定，規定以現有土地實權的小租戶為業主〔註209〕，並使負擔地租〔註210〕。有設法禁止大租的本意，使其清賦事業具有土地改革的性格〔註211〕。然大租廢除之意一經流傳於民間，大租戶當然反對，林維源及其他有力者，群起哭訴請願〔註212〕，加上中部發生農民暴動，南部也人心沸騰（後述），終使劉銘傳鑑於實情，變更方針，於光緒十四年4月（1888.5.18）出示著名的「大租減四留六」〔註213〕曉諭，免除過去大租戶的納賦義務，但從大租戶所取得的大租中，減去百分之四十，交由小租戶納賦賦〔註214〕，劉銘傳仍然以握有土地實權的小租戶為業主，成為正供（地租）的負擔者。但「減四留六」法，在北部台灣一律實行，在南部地方，有大力的大租戶，仍舊收取全部的大租，而自納地租〔註215〕，因為大租戶與小租戶的關係，大半祇存在中、北部〔註216〕。

〔註205〕程家穎編輯：前書，頁13～15。
　　　　江丙坤：前書，頁202。
〔註206〕《清賦一斑》，頁258～264。
〔註207〕江丙坤：前書，頁23。
〔註208〕《清賦一斑》，頁258。
〔註209〕東嘉生：前書，頁235。
〔註210〕《清賦一斑》，頁258。
　　　　東嘉生：前書，頁235。
〔註211〕黃富三：〈台灣史上第一次土地改革〉，《中華文化復興月刊》，第8卷，第12期，民國64年12月1日，頁32。
〔註212〕東嘉生：前書，頁28。
　　　　劉銘傳曾言：「林維源田園較多，不避嫌怨，身先倡導，遇事出力……」。由此益可推想林維源對廢除大租直接威脅其利益的政策，必然持反對的態度。劉銘傳公布「減四留六」的政策，受林維源的影響當係難免。
〔註213〕《清賦一斑》，頁232～234。
〔註214〕同上。
　　　　江丙坤：前書，頁24。
　　　　東嘉生：前書，頁284。
〔註215〕東嘉生：前書，頁284～285。
〔註216〕同上，頁216。

在清丈事業接近尾聲的光緒十三年 10 月 12 日（1887.12.18），劉銘傳得到清廷的勅裁，出示曉諭，公布新改訂的租率〔註217〕。劉銘傳改訂租率的原則，係「將現丈田園，無論新舊，悉照同安下沙成例分則配征，化甲為畝，以一甲作十一畝，仿條鞭辦法，刪去浮征等名，凡地丁糧耗等款，併入正供，並化穀價折征，提充正賦」〔註218〕，將原來施行的三階段「輕重不一」的租率廢止，將一甲定為十一畝，以畝為單位按等則別，並以「同安下沙成例」為基準而規定新的租率。「對一畝之正耗」，係指納銀租額，另外按照其租額，征收「補水每兩隨收一角，平餘銀一角五分」，權充各縣行政事務費。又過去對土地課徵之「地丁糧米耗羨」等類負擔，一律廢止，採取所謂一條鞭法。

劉銘傳改訂後的租率，「係照台屬各縣最輕之賦，有減無增」〔註219〕，其單位面積的負擔，實較過去為輕。這是劉銘傳將其基本方針放在隱田的清理，即對於開墾成功後未對官府申報致無賦課田賦的土地，清理後加以賦課，以此為增賦的基本，而對租率則力求公平所致。事實上，清賦的結果，由於清出隱田，及過去無納賦義務的土地，均予課征田賦，使賦課對象地一舉增加至水田二四○、七六七甲、旱田一八八、五一五甲；賦稅收入達五一一、九六九兩銀，「補水平餘」達一二八、二四六兩，再加上「官莊租」的三三、六五七兩，共達六七四、四六八兩，與過去比較，增收四九一、五○二兩〔註220〕。

三、清賦的反應

劉銘傳的清賦事業，固然達到了增加稅收的目的，但此一劇烈的土地改革措施，在政治上引起很大的反響，一是在彰化地區引起農民暴動，一是在台南地區造成不安的政情。清賦事業在中南部遭受劇烈的抵抗行動，顯露出南、北台灣社會、政治、經濟條件的不同，對新的改革產生不同的反應。從這個問題意識，可以更深入探討洋務運動時期，台灣南、北部不同的社經條件，對洋務運動也有不同的影響。

〔註217〕新租率詳細情形，請參閱江丙坤：前書，頁 23。
〔註218〕劉銘傳：前書，「台畝清丈將竣擬仿同安下沙定賦摺」（光緒十三年九月二十四日），頁 308。
〔註219〕同上，頁 309。
〔註220〕同上，「台灣清賦全功告成彙請獎敘員紳摺」（光緒十六年五月初十日），頁 323。
連雅堂：前書，卷 8，田賦志，頁 214。

在中部的反抗行動中，以彰化地主施九緞所領導的農民暴動最為重要，光緒十四年 9 月（1888），施九緞（——d. 1890）等，「以索焚丈單為名，旗書官激民變」〔註221〕，圍攻彰化縣城，響應者竟至五、六千人〔註222〕，堪稱規模甚大的農民暴動。但不久即被台北及各地派來的軍隊所鎮壓。台南地區，因清賦造成政情不安，情形大致如下：

> 現今（光緒十七年）台南人心頗抱不平……不滿清廷官吏的處置，人人懷著謀叛的心理，實已無法掩蓋的事實。造成近來如此的民情，乃全台政府的苛稅所致。劉銘傳渡台以來，只顧輸入西洋文明事物一事，不察該島民心向背，施行急激果斷的土地改革，因而政費、金額花費甚鉅，其結果乃不得不歸之於地租雜稅，原來台灣島的地租，往昔係按照戶部制定的徵收法，歸從前福建省管轄，收額甚少，幾近於有徵收之名，而無徵收之實，……獨立一省後，課意外的重稅，且各處無不設置厘金局，而其徵收法也非常苛酷……」〔註223〕。

台南政情不安的情形，人民甚至公開說：「劉若來此地，就揮槍投石，將彼殺害」〔註224〕。

清賦事業所遭受的劇烈反抗，由上之二例可知。劇烈的抵抗發生於南部，原因至少有：

（1）南部地區的開拓歷史比較長久，大租戶在土地開墾上所負的任務，與北部大大不同，一般北部大租戶是開墾權的移讓，其「大租」的取得幾近不勞而獲，南部多為實際上從事開墾，劉銘傳對這種情形認識不足，即試行一律清查。

（2）以清賦而來的財政收入的投資，主要集中於北部（設鐵路等），南部對劉銘傳的新政認識極少。

（3）南部（尤其是台南地區）為舊開拓地，傳統勢力強，而且又是與劉銘傳交惡而解職前台灣道劉璈的地盤。

〔註221〕吳德功：《戴施兩案紀略》，台灣銀行經濟研究室編印，台灣文獻叢刊第四七種，頁 98。

〔註222〕劉銘傳：前書，「彰匪圍城刼館派兵剿平摺」（光緒十四年九月二十四日），頁 405。

〔註223〕參謀本部：《台灣誌》，明治二十八年一月編，同七月十三日發行，頁 177～178。

〔註224〕同上。

（4）在清賦前的課稅有名無實的情況下，傳統的地主勢力與地方官吏勾結逃稅，清賦事業對於逃稅的可能性，給予打擊〔註225〕。

除了這些曲折以外，在清賦事業的推進上，也發生許多缺點，如清賦事業本身，其目的當然是將紊亂的土地制度繩以規制，然「急於增徵田賦，故與其租稅無關之地則置之不問，又丈量方法難免疏漏杜撰」〔註226〕，和「當局不得其人，弊害叢生，特別是丈量方法不完備，加上急於進行完畢的影響，調查乃流於鹵莽，業主的查定乃欠精密，誤給丈單，紛爭滋生；受害者，其冤枉又沒有伸訴之處；另丈量尺度因地方而有長短之不同，田園等級，判定失實，魚鱗冊（土地台帳）也有錯誤」〔註227〕。

雖然有這些缺點，但是劉銘傳的清賦事業，如矢內原忠雄適切的評價，「具有資本主義開發的先驅意義」〔註228〕或東嘉生的評價，「在此看到了台灣初期資本主義發端的具體形態」〔註229〕。就整個中國的意義而言，劉銘傳的清賦事業值得令人注意，因為晚清的巡撫（地方首長）還熱心於改革土地稅制而且相當程度的成功〔註230〕，劉銘傳的土地改革，可以說是整個清朝治下唯一實行土地改革的一次。直到1930年代早期，中國才在江蘇與浙江兩地實施類似的土地調查工作，而且此項調查的目的，完全跟劉氏當年做此工作的動機，同出一轍〔註231〕。當然我們尚不能就此斷言近代台灣的土地改革比大陸內地早了近半世紀，故百年來台灣的發展，尤其在經濟上的發展因土地制度基礎與大陸內地不同，而產生不同的發展型態。但是可以斷言的事實乃1895年台灣割讓給日本帝國主義後，在1901年至1905年間，日本帝國主義殖民政府，充分利用劉銘傳清賦事業的成果與經驗（含人口調查與保甲編制），進行土地調查事業，終獲致相當的成就，也因之奠定了台灣殖民地經濟的發展〔註232〕。

〔註225〕戴國煇：前文，前書，頁284。

〔註226〕《清賦一斑》，頁9。

〔註227〕伊能嘉矩：《台灣巡撫としての劉銘傳》，頁77。

〔註228〕矢內原忠雄：《帝國主義下の台灣》，昭和十三年一月十五日第四刷本，頁20。

〔註229〕東嘉生：前書，頁235。

〔註230〕Speidel, William M., loc, cit., P.454.

〔註231〕Ramon H. Myers, "Taiwan under Ching Imperial Rule, 1684 ～ 1895; The Traditional Economy", The Journal of the Institute of Chinese Studies of the University of Hong Kong No. 2, Vol. 5, （1972）, P.407.

〔註232〕凃照彥：《日本帝國主義下の台灣》，東京，東京大學出版會出版，1975年6月30日，初版，頁40～44。

江丙坤：前書，頁111。

第四節　稅釐與專賣政策

　　為了增加政府的財力，劉銘傳除進行清賦事業外，另外的財源即是商業的稅收與專賣的收益。清末台灣（1870～1894）的進出口稅率，北部進口稅率為1.13％，出口稅率為10.8％，南部進口稅率0.7％，出口稅率為6％，出口稅率均較進口稅率高出很多〔註233〕，貿易極不利，當時中國沒有關稅自主權，對於進出口關稅上的差距，並非中國官吏所能主張改革的。劉銘傳乃實行釐金的徵收，和樟腦的專賣，希望由此增加省的行政財力。研究劉銘傳的西方學者史威廉（William M. Speidel）認為劉銘傳規化商業活動與抽稅釐，最主要目的是向外國人獲取商業利益的權利挑戰，而由政府或中國商人也分獲其利〔註234〕。就此事而論，劉銘傳是晚清洋務官僚中，勇於挺身與外國列強爭鬥，並採取行動，以爭取中國應得之利益的官吏。

　　以下就劉銘傳的抽釐政策、樟腦專賣政策，分析清廷最先支持劉銘傳政策的態度，而列強又如何採取共同合作的干涉政策，與清廷在列強的強烈干涉下態度的轉變又是如何？而劉銘傳如何抗拒清廷的妥協態度。

一、稅釐政策

　　劉銘傳決定自光緒十二年4月1日（1886年5月4日）起，廢止原有船貨釐金征收辦法，改征百貨釐金，關於實行這個政策的背景，他特別指出：

> 台灣釐金，只收洋藥（鴉片）、茶腦二項。同治四年，……開辦船貨
> 釐金……查歷年全台各口收數，每年僅二萬餘元。新竹屬又有抽分
> 名目，台南復有大小斛船區別，征收法令紛歧，辦理不能劃一，且
> 聽任委員開報，多寡無稽，侵吞益甚。……現據詳議，將船貨釐金

　　　　但也有學者認為劉銘傳在土地行政體制上並無任何變革，因此清賦後這些最
　　　　新的地圖與地籍資料，並無導致地方行政與土地產權保護效率的提升與轉
　　　　型。參見林文凱：〈臺灣近代統治理性的形構：晚清劉銘傳與日治初期後藤
　　　　新平土地改革的比較〉；陳鴻國主編：《課綱中的臺灣史》，台灣商務印書館，
　　　　2020年8月，頁316。
〔註233〕林滿紅：〈清末台灣與我國大陸之貿易形態比較（1860～1894）〉，國立台灣
　　　　師範大學《歷史學報》，第6期，民國67年5月，頁243。
　　　　林文對此項資料的來源說明如下：「1870年至1894年進出口稅率……台灣
　　　　部份利用歷年海關報告中的進出口關稅除以進出口貿易額得南北出口稅率
　　　　分別為6％，10.8％，進口稅率分別為0.7％、1.13％。」
〔註234〕William M. Speidel, loc. cit., P.454.

　　自本年四月初一停止，改收百貨釐金，發給三聯票，按成本百元收
釐五元，只收出口，不許重收。進口貨物，除洋藥一項照舊抽收外，
其餘百貨以及陸路販運，概不抽釐，米穀概行免釐，不准收取。惟
台南以糖為大宗，向來糖商藉口洋本不肯完釐，臣現飭陳鳴志督同
通商委員按約爭籌，或完子口半稅，或照內地一體抽釐，以示公允
而求實濟〔註235〕。

　　這個政策對所有出口貨物，除米穀准予免釐外，概按貨物成本每百元抽
釐五元，不許重收。進口貨物除洋藥（鴉片）照舊征收外，其餘百貨以及陸路
販賣概不抽釐，出口百貨中，特別重視糖釐。因為台南以糖為出口大宗，向
來糖商藉口股本來自洋商，不肯完納釐金，形同偷漏。劉銘傳認為糖既同屬
出口貨物，自應按約完納子口半稅，或照內地一體抽釐，庶可公允，乃決定
嚴格稽征〔註236〕。

　　清廷同意劉銘傳的政策。自實施征收百貨釐金後，北部的淡水和基隆口
岸，並未發生重大的反響。但在南部口岸，征收百貨釐金的辦法一施行，立
刻就引起紛擾，出口貿易隨而停頓。劉銘傳乃參照子口半稅的標準，酌減征
收比率，仍於打狗、安平附近設立釐金局卡，嚴行稽征〔註237〕。

　　糖是台灣南部的主要輸出品，為清末台灣三大出口物之一。糖的出口，
依據 1877 年打狗海關報告說，「大量的糖由洋行買去，海關登記洋行出口
的糖有三十三萬三千六百一十五擔，華商輸出二十三萬三千九百六十七擔」
〔註238〕。洋行（外商）雖非完全控制南部糖貿易，卻佔有相當的優勢。1882
年至 1891 年台南海關報告：「往時此地的糖可以輸至歐洲、美洲，以及澳洲
時，每年所產的糖大部份皆被此港的外國公司代理商以掛賬或委託的方式購
去，然而過去數年內，由於台灣的糖在亞洲以外的市場已無謀利機會，故外
國人在此項貿易中所佔的地位已不太重要了」〔註239〕。

〔註235〕劉銘傳：前書，「改百貨釐金片」，頁 331～332。

〔註236〕黃嘉謨：《美國與台灣》，中央研究院近代史研究所專刊（14），南港，中央
　　　　研究院近代史研究所，民國 68 年 11 月 2 版，頁 355。

〔註237〕同上，頁 355～356。

〔註238〕China Imperial Maritime Custom（以下簡稱海關報告）Takow Trade Report for
　　　　the year 1877, P. 176. 轉引自林滿紅：前書，頁 54。

〔註239〕Montgomery P. H. S. 作，謙祥譯：〈1882～1891 年台灣台南海關報告書〉，台
　　　　灣銀行季刊，第九期，第一卷，頁 172～196。

　　劉銘傳撫台時，外商操縱糖的貿易雖然不似從前，然而對於劉銘傳在打
狗及安平附近設立釐金卡，嚴行稽征糖釐的措施，那些向來在南部各口經營
台糖出口貿易的外商及其代理人，均認為台灣官府此種抽釐的措施，無異於
增加一件出口稅，因此不願完納，乃由英國駐台領事兼代美國知事官霍必蘭
（霍必瀾 Pelham L. Warren）與台灣當局議定，暫由洋商先立保結，憑單運貨
出口，一面報請北京美使與總理衙門商定解決辦法〔註240〕。美使田貝（Charles
Denby）乃照會總理衙門謂：

> 查抽釐之舉，地方官如因何故不能於出產貨物及至海口地方抽收釐
> 金，斷不能謂於洋商買貨入棧後，反有可以向洋商抽取之理。在貨
> 物抽釐多寡，中國地方官如有其權隨意增加，實於商人貿易情形甚
> 有窒碍。緣洋商採辦土貨，總須預合本利，如釐金果須由洋商交納，
> 則採辦之時，未計及納釐多寡，自難保能無意外虧失。聞該處初定
> 貨物抽釐之數，其頭等赤糖，每包一百三十二磅，抽二毛。其頭等
> 白糖，每包一百三十二磅，釐四毛。其第二三等之赤糖白糖，抽數
> 按頭等者遞減推算。自洋商暫交憑單之日，以迄於今，地方官所定
> 各貨納釐之數，已復有加增，嗣後乃恐難照現時所定抽釐之數，似
> 此抽收無準數，殊於通商大有損碍。現正值該處各等糖貨上市之時，
> 是否洋商應於此通商二口內納釐，亟須定明辦理。相應將此事一切
> 情形，照會貴王大臣查照。惟望持公辦理，即轉行該處通商二口，
> 務遵條約，惟征洋商出口貨物之稅，不另由洋商抽釐可也〔註241〕。

　　美大使田貝的照會中，第一，他認為地方官吏無權增稅。即指劉銘傳在
「無權」的情況下，隨意征稅。第二，征稅有損通商，使洋商的利益減少。第
三，明指中國政府允許地方官吏隨意征稅的行為是不公的行為，即缺乏考慮
「條約」。根據這些理由要求總理衙門轉飭安平、打狗二口官員，勿向洋商征
稅。德使巴蘭德（M. Von Brandt）也有同樣的抗議。

〔註240〕Charles Denby to Thomas F. Bayard and to Tsung-li Yamen Separately, Peking,
　　　　December 2, 1886. U.S. National Archives, Department of State, Despatches from
　　　　United States Ministers to China, Microcopy No. 92, Roll No. 80. China Imperial
　　　　Maritime Custom, Takow Trade Report for the year 1886, PP. 282～284.轉引自
　　　　黃嘉謨：前書，頁 356。
〔註241〕美使田貝致總理衙門照會，丙戌年十一月初七日起（1886.12.2），見「來去
　　　　底稿」，卷 5。轉引自黃嘉謨：前書，頁 356～357。

　　總理衙門與李鴻章在瞭解徵糖釐實情後，照覆田貝認為台灣官吏征釐，與通商章程並無不符〔註242〕。這樣的照會卻引起一項國際紛爭，光緒十三年十二月初六（1888.1.18）德、美、日、英、西班牙、法、俄、比利時等國不滿，開會決議，並照會總理衙門，指陳台灣官員向洋商徵收釐金為不符條約之舉：

> 緣土貨經洋商買妥出口，只應有出口正稅，或由此口運往彼口，再交子口半稅。且洋商運貨至口，貨欲行出口，惟應赴海關納稅，與釐局無干，釐局何得攔阻？洋商運土貨由台灣府至安平，不過如天津之至大沽，上海之至吳淞，廣東之至黃埔，以及如別口之運貨至出口處無異。……如洋商領三聯軍在內地買賣，釐金應歸華商交納，與洋商無涉，即使欲防偷漏，亦屬地方官自辦之事，何得預於洋商？洋商只應按條約稅則，照完正稅，此外並無他項征收。釐金局（台灣）所行之事，實與以上所言條約違背。此約與稅則均已照行多年，相應請貴王大臣轉飭釐局，務遵條約章程辦理，嗣後不得再行違背〔註243〕。

清末列強對華的侵略，採取了集體侵略中國之方式，即所謂「共同合作政策」（Co-Operative Policy）的模式〔註244〕。

　　清末台灣的涉外關係（1840～1895），列強為維護在台的共同利益與特權，也採取了「共同合作政策」〔註245〕。劉銘傳征百貨釐金的政策，也無法逃避列強對台「共同合作政策」的阻擾。因為他們深怕「劉銘傳向外國特權挑戰成功後，中國大陸主要商業中心也會採取類似的行動」〔註246〕。台灣抽釐只

〔註242〕總理衙門玫美使田貝照會，光緒十二年十二月初十日，原件存美國國家檔案局，見中文檔第一號來文函匣。Charles Dendy to Thomas F. Baya-rd,, Peking, January 6, 1887, U.S. National Archives, Department of State, Despatches from U. S. ministers to China, microcopy No. 92, Roll No. 80.轉引自黃嘉謨：前書，頁 358。

〔註243〕美使田貝致總理衙門照會，丁亥年十二月十三日（1888.1.25），見「來去底稿」，卷五。Charles Denby toThomas F. Bayard, Peking, January 26, 1888, U.S. National Archives Department of State, Despatches from U. S. Ministers to China, Microcopy No. 92, Roll No. 83. 轉引自黃嘉謨：前書，頁 359～360。

〔註244〕Mary C. Wright. The Last Stand of Chinese Conservatism, The Tung-Chih Restoration: 1862～1874（Stanford, 1957），PP. 21～42（Ch. III）。

〔註245〕Leonard H. D. Gordon, "Taiwan and the Powers 1840～1895", Leonard H. D. Cordon（ed.），Taiwan: Studies in Chinese Local History（New York: Columbia University Press, 1970），PP. 93～116.

〔註246〕U. S. National Archives, Dept. Of State, Despatches from United States Ministers to China, 1843～1906, Denby to Bayard, 26 Jan., 1888; Denby to Bayard, 15 Feb.,

有一道，洋商入內地採買土貨而未領三聯單，或在通商口岸收購未經完納內地釐金的土貨，照章都應完納釐金，而免征子口半稅，即有三聯單則應赴海關完納子口稅，無三聯單則應在釐局完納釐金，顯然沒有重複稽征。

美國北京駐華公使並不以洋商來台購運土貨時，既不領單，亦不完釐的不合理之事加以檢討，反而提出類似上述的照會，顯然有更不合理的要求，他們認為洋商運土貨由台灣府至安平，乃在通商口岸（台灣府）買的貨，運至安平（碼頭）出口，按約規定「不應另出釐金」使問題變成劉銘傳違反條約規定，在通商口岸處徵收釐金。

總理衙門對於駐華公使無理的干涉，提出辯駁：

> 查台北抽收茶釐，行之已久。台灣向有船貨釐金，章程不甚劃一。自台灣改設省會，需餉較多，台灣巡撫議將船貨釐金名目裁免，仿照他省辦法，抽收百貨釐金，此乃各省通行之例。其所以與各省稍有不同者，他省出產土貨之處，距海較遠，釐卡亦較多，凡土貨運至通商口岸，沿途皆須完釐，若洋商領單往內地販運土貨，則於最後之卡完納子口稅。台灣內地貿易，現在尚未大開。台南貨物以蔗糖為大宗，出產即在府城，不得不就近抽釐，且止此一道，釐金較他省為輕，原於籌餉之中，仍寓恤商之意。設卡在距安平五里之西壘，安平僅設卡查驗，係仿照閩之南台、廈門釐金辦法，事同一律，洋商如在彼購買土貨，照章領單者，完子口稅，不領單者，完納釐金，實與定約毫無歧異。本衙門前經函詢台灣巡撫，據復各情甚為明晰，且云本年糖市，各洋行採辦出口，均未領單，照章完釐，是於商情毫無不便〔註247〕。

總理衙門的辯駁，在態度上依舊支持劉銘傳的政策，對於駐華公使指台灣府為通商口岸，不應征釐的問題，答以「台南貨物以蔗糖為大宗，出產即在府城，不得不就近抽釐……洋商如在彼購買土貨，照章領單者，完子口稅，

1888; Denby to Bayard, 19 Mar., 1888; Denby to Bayard, 27 Apr., 1888; Denby to, Blain, 22 Jun., 1891, quoted from William M. Speidel, "The Administrative and Fiscal Reforms of Liu Ming-Chuan in Taiwan, 1884~1891: Foundation for Self-strength", The Journal of Asian Studies, Vol. XXXV, No. 3,（May, 1976），P. 455.

〔註247〕 總理衙門致美使田貝照會，光緒十三年十二月三十日，原件存美國國家檔案局，見中文檔第一號來文函匣。轉引自黃嘉謨：前書，頁360~361。

不領單者完納釐金，實與訂約毫無歧異」〔註248〕，總理衙門以極明確肯定態度，再度拒絕駐華公使們的交涉。

李鴻章也堅決表示，各國公使以台灣府城為通商口岸，實屬「狡混」〔註249〕。但是列強不斷地向總理衙門施壓力，始終欲逼迫清廷改變態度，於光緒十四年二月二十七日諭令劉銘傳：

> 台灣為通商口岸，洋商向不抽釐，既經該使臣等屢次據約陳請，著將抽成洋商釐金一事，即行停止。至該省應如何徵收落地稅釐，另行設法辦理〔註250〕。

同年三月中旬，總理衙門又電令劉銘傳：

> 凡通商之處，無論是城是鎮，皆為口岸。抽華商釐金原與洋商無涉。至領聯單，納半稅，係指往內地販土貨而言。所謂內地者，離約內指明口岸外皆是也〔註251〕。

不論是總理衙門或李鴻章，原先都以極明確肯定的態度，一面支持劉銘傳的政策，一面拒絕列強的無理干涉。腐敗無能的清廷官僚，在列強逼迫下，只有屈服，而顧不得中國「自主之權」，所以有人評斷洋務官僚具有與帝國主義勾結之性格〔註252〕，從本案的發展來論，這種評價並無過當之處。

劉銘傳面對列強、清廷的壓力下，仍然主張其稅釐政策，對於「通商口岸」之爭，劉銘傳強調：

> 所謂台灣係通商口岸者，殆指英國條約十一款內，開台灣府城口准其買賣而言。夫僅准其買賣，原不能遽作為通商口岸。今即略予通融府城口為通商口岸，亦不過濱海一隅之地。凡府城口以外之地，皆屬內地。既入內地，即應領單完半稅，倘不領單，即與華商無異，應照華商一律完釐。
>
> 又所謂不應領照，不應完釐者，係指通商口岸購買土貨而言。夫購買未經完釐之土貨，照約本宜補完內地稅釐，今即稍示通融，於通

〔註248〕同上。
〔註249〕李鴻章：《李文忠公全集》，譯署函稿，卷19，頁11～14。
〔註250〕劉銘傳：前書，「洋商子口半稅應聲明約章劃清界限摺」（光緒十四年三月初三日台北府發），頁157。
〔註251〕同上，頁159。
〔註252〕許介鱗：《日本政治論》，台北，聯經出版事業公司，中華民國66年3月初版，頁160。

商口岸不令完釐，此外非通商口岸即應領單完半稅，不完半稅則應完釐〔註253〕。

劉銘傳對於列強、洋商指責他抽洋釐之事，至為不滿，他說：「所謂徵收洋釐，係屬違約者，蓋知我徵收子口稅，本約照章，原無不合，而故創此洋釐名目，為抵制之謀」〔註254〕。對列強在台灣專橫狡譎之舉，劉銘傳舉例說：

台灣滬尾口稅務司三次來商，並持送總稅司赫德條議各款，有華船、洋船進出子口半稅由新關並徵，謂各公使可以允訂之說。當以事關大局，未便輕許其言，然同此口岸，同此半稅，何以在我僅收其一，尚覺其難？在彼兼收其二，轉形其易？此中狡譎，已在聖鑒之中，臣亦何庸置辯〔註255〕。

文中「同此口岸，同此半稅，何以在我僅收其一，尚覺其難？在彼兼收其二，轉形其易？此中狡譎……臣亦何庸置辯？」，最能形容劉銘傳在帝國主義下，欲求中國內政自主所作的奮鬥之心路歷程。

不過，論者或謂列強不斷運用「共同合作政策」，要求清廷迫使劉銘傳在稅釐政策上讓步，劉銘傳不願讓步，尤其是在糖釐問題上，理由為何？劉銘傳解釋說：

臣所竊慮者，台灣土貨以糖、茶為大宗，茶在台北，商家包辦釐金，相安已久〔註256〕。

蓋台南以糖為大宗，糖廍多半逼近府城，若非就府城堵截，此外無扼要之區。且洋商買糖，率係上年預發資本交華商代辦。一旦將府城籠作通商口岸，則在土貨出處，洋商必謂已經入手，華釐何自而徵？臣初非欲於府城抽收洋商之半稅，實為顧全土貨出處之華釐〔註257〕。

假如「釐金胥歸烏有，台地事煩費鉅，若再失鉅款，何以自存？」〔註258〕。為籌洋務財源，就土貨中之大宗者徵收稅金，與劉銘傳舉辦清賦事業，清查隱田，徵收田賦，其用意一樣在「以台地之財，供台地之用」。

〔註253〕劉銘傳：前書，「洋商子口半稅應聲明約章劃清界限摺」（光緒十四年三月初三日），頁158。
〔註254〕同上。
〔註255〕同上，頁158～159。
〔註256〕同上，頁159。
〔註257〕同上，頁160。
〔註258〕同上，頁159。

　　或謂劉銘傳與劉璈交惡，劉璈因而遭撤職，「劉璈既深得南部人敬愛，劉璈之撤職亦導致南部人對劉銘傳不滿。劉銘傳於法軍封鎖後緊接著就給南部課釐，與此恩怨不無關連」〔註259〕。劉璈遭撤職之因素中，極可能與劉銘傳之報復心理作用有關，但劉銘傳對南部之課釐，其政策重點應在對抗列強的專橫，從而徵得相當的「華釐」，作為洋務之財政來源。故上述的評價，似乎忽略這兩個層面的作用。

　　又加課糖釐，使糖業衰敝〔註260〕，以及「1886年所課糖釐原為白糖一擔四十錢，赤糖一擔二十錢，後因蔗農抗議於1886至1887年之間，降為白糖一擔十五錢，赤糖一擔九錢」〔註261〕的事實，可以當作在劉銘傳糖釐政策下，民間之反應情形。

　　劉銘傳改徵百貨釐金的政策，在北部沒有引起很大的反響。茶在北部是出口大宗，但「茶在台北，商家包辦釐金，相安已久」〔註262〕，此次新頒辦法，不過是認可了商人歷年慣常完納的釐金額定率，自不會有任何感覺。光緒十四年八月（1888.9）艋舺釐金局遵奉台灣釐金局總局之令，在大稻埕以北荒郊設立釐卡，檢查中外商民過路貨物，以防偷漏與偽冒情事〔註263〕，此項政策曾經引起外國商人及領事人員的緊張，深怕此舉為企圖就洋商貨物征收釐金的先聲，而急於謀求對抗辦法〔註264〕。但劉銘傳在茶釐上並未進一步要求，這種情形可以解釋為劉銘傳並不想威脅到台灣北部的主要出口貿易，因為茶是北部最主要的商業與工業，也是他坐鎮台北進行新政的財力基礎〔註265〕。

　　以下是台灣釐金收入情形，「計算光緒十二年至十九年，即自改建行省後一年，至割讓日本時為止，中有兩年僅有半年報告，收支每年報銷一次，由

〔註259〕林滿紅：前書，頁95。

〔註260〕同上，頁42。

〔註261〕Britsh Parliamentary Papers, Embassy and Consular Commercial Reports, 1971, Irish University Press, Area Studies Series, China, Vol. 15, P. 667.（以下簡稱領事報告）。

〔註262〕同註256。

〔註263〕Proclamation（Traslation）of the Lekin Stations at Ban-ka, issued on Kwang su 14th year, 8th moon, 29th day（October 4, 1888）, U. S. National Archives, Department of State, Despatches from U. S. Ministers to China, Microcopy No. 92, Roll No. 85.轉引自黃嘉謨：前書，頁364。

〔註264〕Charles Denby to T. F. Bayard, Peking, November 2, 1888. Ibid. 轉引自黃嘉謨：前書，頁364～365。

〔註265〕Willian M. Speidel, loc. cit., P. 456.

福建台灣巡府奏報。收入方面計有百貨釐金及茶葉釐金兩款，後者自光緒十七年始起抽，收數超過百貨釐金。百貨釐金收入，每年約八、九萬兩，茶釐則約為十四萬兩，二者合計年約收二十一、二萬兩，惟此項最高收入僅有兩年」〔註266〕。茲將歷年收入列表如下：

表 4-8，光緒十二年至十九年台灣釐金收入情形　　　　單位：兩

年　次項　目	全年收入		
	百貨釐	茶　釐	總　計
光緒十二年	※ 24,748		24,748
光緒十三年	99,527		99,527
光緒十四年	89,113		89,113
光緒十五年	82,507		82,507
光緒十六年	93,160		93,160
光緒十七年	※ 23,372	68,000	91,372
光緒十八年	75,060	136,000	211,000
光緒十九年	74,251	136,000	210,261

※缺半年收支來源。

資料來源：羅玉東著，《中國釐金史》，頁 339。

二、樟腦專賣

　　樟腦在 1890 年用為賽璐珞（Celluloid）原料以前，主要是藥用，如中醫用來治療風濕……西醫用來作內科強心劑……等，此外即用來防蟲，製造煙火、香水、穩定油漆及供製宗教儀式中所用的香料〔註267〕。賽璐珞發明於 1869年，但 1890 年以後始大量引用樟腦為原料。賽璐珞是第一種合成塑膠，在第二次大戰前，其在歐、美、蘇、日等國之工業中佔極重要之地位，曾廣泛用於梳子、紐扣、膠卷、玩具及許多消費品的製造中，賽璐珞工業之蓬勃，亦使台灣成為一樟腦王國〔註268〕。

　　清末台灣所以成為樟腦王國，在林滿紅的論文中，有詳細的說明，清末

〔註266〕羅玉東：《中國釐金史》，上冊，台北，文海出版社，頁 338～339。

〔註267〕林滿紅：前書，頁 13。

〔註268〕同上。

台灣及日本是世界主要的兩個樟腦產區。比較台灣與日本樟腦出口值，1877年以前台灣多於日本，1878～1892年日本多於台灣，1893年以降台灣又多於日本，台灣與日本既是世界僅有的兩個天然樟腦供應地，自亦壟斷整個世界之樟腦市場。1877年以前台灣壟斷世界樟腦市場，也是外人來台通商的根本動機之一。但因技術落後，番害嚴重，台灣之世界樟腦壟斷地位於1878～1892年轉入日本之手，又因當時樟腦主要供藥用，藥用樟腦必先結晶，而台灣樟腦非加點日本樟腦不能結晶，更加強日本之壟斷地位，世界樟腦價格遂由日本操縱。1890年以後，因賽璐珞所用樟腦不必結晶，日本樟木又砍伐殆盡，台灣遂重操世界樟腦壟斷〔註269〕。

　　樟腦在十九世紀末期不但被當作醫藥用，賽璐珞工業之原料，同時還是無烟火藥之原料，由於台灣盛產樟腦，又是世界兩個天然樟腦供應地之一，樟腦自然成為各國爭取的出口物，樟腦的經營政策當然成為列強最關注的問題。

　　1861年7月，台灣地方當局在買辦建議下，實施第一次樟腦專賣〔註270〕。1868年怡記洋行（Elles & Co.）因私運價值約一千元的樟腦，在梧棲被沒收，該洋行職員在鹿港受人毆打，導致英國海軍登陸安平，清廷只好以賠款六千元，訂立樟腦條約（Camphor Regulation）廢除專賣了事〔註271〕。根據樟腦條約，許可外國人只要繳通過稅即可至樟腦產地買腦〔註272〕。論者謂：「樟腦專賣廢除是外人挾條約以制我的結果，但對樟腦貿易言實有裨益」〔註273〕，不過

〔註269〕同上。
〔註270〕同上，頁60。據林滿紅書中指出：前人論第一次樟腦專賣始於1863年，但根據1870年淡水領事報告是1861年7月。筆者從林之說。
〔註271〕同上。
　　　　周憲文：《清代台灣經濟史》，台灣銀行經濟研究室編印，台灣文獻叢刊第四五種，中華民國46年3月出版，頁114。
　　　　關於1969年樟腦條約，請參閱松下芳三郎：《台灣樟腦專賣志》，台灣總督府史料編纂委員會，台北，1924，頁5～8。
　　　　樟腦條約中文原文見《淡新檔案選錄行政編初集》，台銀文叢第二九五種，頁248。
〔註272〕林滿紅：前書，頁58。
　　　　松下芳三郎：前書，頁5～8。
〔註273〕林滿紅：前書，頁60。
　　　　所謂「樟腦專賣廢除是外人挾除條約以制我的結果」，如1868廈門的美國領事李仙得（Le Gendre）報告說：「我們沒有法律上的理由反對中國政府在接管台灣後就在全島設立樟腦專賣，但中國皇帝的特權卻大為那些現存的條約所影響」（見台銀台灣經濟史第九集，1963，頁172）。

「樟腦專賣去除，台灣地區的政府每年將損失六〇〇〇〇元的收入」〔註274〕。

由於台灣地方當局行政權力的薄弱，無從管理世界上最重要的樟腦出口貿易，而任由華商與外商逃避官方抽稅輸出樟腦。如 1876 年台灣出口的一二、〇七九擔樟腦中只有七七四擔繳過通過稅；1878 年出口的一三、五〇二擔樟腦中只有七四一擔樟腦繳過通過稅；1882～1886 年樟腦繳納通過稅者亦少〔註275〕。

1886 年劉銘傳鑒於台灣「樟腦、硫磺兩項民間私熬私售，每多械爭滋事」，乃採從內閣侍讀學士林維源，道員林朝棟，通商委員李彤恩等建議，決定一併收歸官辦，藉以充裕撫番經費〔註276〕。於艋舺設置腦務總局，經統收統鎖事宜〔註277〕。淡水關稅務司法來格（Ed. Farago）依照台省當局的請求，特於九月初一日（9.28）將台灣官辦樟腦事項通告洋商週知：

（1）腦戶或其他人民出售樟腦行為，以後概行禁止，由官設局經營。

（2）艋舺已設腦務總局，經理總務，中外商民均可向該局購腦。

（3）官局售出樟腦，一概發給執照，並由海關給單證明，以憑裝船載運出口，而防假冒。

（4）樟腦應照章完納出口稅及子半口稅，現經限由官局經售，前此洋商得領三聯單入內地採購樟腦的慣例，此後應即廢止〔註278〕。

為了籌措洋務運動的財源，所以劉銘傳主張實施樟腦專賣，同時也因為劉銘傳所領導的台灣地方政府當局，有足夠的行政能力干預商業活動。

〔註274〕同上，（原文見領事報告，第六冊，頁 438，1869 年淡水部份）。

〔註275〕1876 年資料部份，見領事報告，十二冊，頁 104；1876 淡水部份、1878 年資料部份，見海關報告；1878 年淡水部份，頁 211；1882～1886 年資料部份，見 Morse 作，謙祥譯：《台灣淡水海關十年報告書》，台灣經濟史六集，頁 85～107。上項資料轉引自林滿紅：前書，頁 58～59。

〔註276〕朱壽明修纂：《光緒朝東華續錄》，台北，文海出版社影印，民國 52 年，卷78，頁 230。
　　　或見朱壽朋修纂：《光緒朝東華續錄選輯》，第二冊，台灣銀行經濟研究室編印，台灣文獻叢刊第二七七種，頁 131～132。

〔註277〕馮用輯：《劉銘傳撫台前後檔案》，「台灣府轉知巡撫劉銘傳批准會辦官腦總局丁達意開去兼辦商務局差使」（光緒十二年十月二十九日），頁 90～91。

〔註278〕Circular issued by the Tamsui Commissioner of Customs Tamsui, September 28, 1886, U. S. National Archives, Department of State, Despatches from U. S. Ministers to China, Microcopy No. 92, Roll No. 89.
　　　China Imperial Maritime Customs, Tamsui Trade Report for the year 1886, pp. 265～267. 轉引自黃嘉謨：前書，頁 369～370。

劉銘傳的樟腦專賣，控制了中國的腦商與外商樟腦交易活動，減少了他們的商業利益；於是樟腦專賣的措施，和百貨釐金一樣，引起了歐美商人的反對。如廈門美領事歐衛理（Wm. S. Crowell）得到消息即函令淡水美國知事戈蘭（T. G. Gowland）向劉銘傳提出異議，並將此事分別向北京美使館和美國政府報告〔註279〕。美使田貝認為台灣樟腦專賣顯然違反條約〔註280〕，乃由各國公使採取「共同合作政策」向總理衙門抗議。總理衙門乃關照台灣當局，光緒十三年（1887）劉銘傳於覆致總理衙門的咨文中說：

> 台灣樟腦，外山民境顆粒不出，自光緒十年（1884），以後絲毫未曾出口，海關有案可稽。現在官辦樟腦，係本爵部新撫內山生番地界所出，由官發本，設丁衛廠，與從前情形不同。若海口附近，如有樟腦，仍准洋商自行採買。……惟迫近生番地界，洋商亦須遵照海關執照，不得前往〔註281〕。

事實上，劉銘傳官辦樟腦專賣，並未禁止洋商在海口附近自行採買，對於由官發本，內山生番地界所出的樟腦洋商須遵照海關執照，不得前往採買。

光緒十三年十二月初六（1888.1.18），各國公使集議，討論台灣樟腦專賣問題，後由美使田貝照會總理衙門，指摘台灣巡撫擅改原有樟腦貿易章程的不當，要求即飭台省官憲仍照舊章辦理。

> 案查西曆一千八百六十九年以前，台灣樟腦土貨，均係官辦，嗣經英領事與地方官議立合同，准洋商隨便辦運，此合同經呈貴署批准，共由貴署將章程五條送于各國大臣在案。直至一千八百八十六年，樟腦土貨均照此章辦理，各無異言。嗣劉撫院蒞任，未聞其有可以擅改章程之權，竟不咨明貴署與各大臣商議，亦未知照各國領事及曉示商人，行知地方官，輒自出己見，不遵所立五條章程，仍照一

〔註279〕Wm. S. Crowell to T. G. Gowland, Amoy, December 4, 1886; Wm. S. Crowell to James D. Porter, Amoy, Decmber 7, 1886, U. S. National Archives, Department of State, Despatches from U. S. Consuls in Canton, Microcopy No. 100, Roll No. 11.轉引自黃嘉謨：前書，頁370。

〔註280〕Charles Denby to T.F. Bayard, Peking, January 10, 1887, U. S. National Archives, Department of State, Despatches from U. S. Ministers to China, Microcopy No. 92, Roll No. 80. 轉引黃嘉謨：前書，頁370。

〔註281〕劉銘傳原咨未見，此處引證原文出於總理衙門致美使田貝照會，光緒十四年正月初五日，原件存美國國家檔案局，見中文檔第一函匣。轉引自黃嘉謨：前書，頁371。

千八百六十九年以前，歸于官辦。……貴署亦謂此章已經准行，該
省官員不得不行照辦，並行詢該省何以不行照辦，飭其迅即聲明，
迄今未見貴署如何辦法。該省官員並不遵行飭，仍將樟腦歸於官辦，
該省如此，顯係使貴署與各國辦理交涉等事，不足取信於人，並使
貴署信令不能行之於各省也〔註282〕。

各國公使除指責劉銘傳樟腦專賣違約外，還責問總署沒有依照各國之要
求，命令劉銘傳廢止樟腦專賣，總署對於各國公使的抗議，僅引述劉銘傳的
咨文，很客氣地說明：

（台灣）海口附近地方，如出有樟腦，無論是官是私，仍准洋商採
買。惟新撫內山生番地界，係由官本開辦，此乃另是一事，正與原
舊約章並行不背，並非廢棄前往，頓復官辦，且生番地方，最易滋
事不令洋商深入，正為顧全睦誼起見，亦與執照所載條約相符。想
貴大臣心平體察，亦必以本衙門所言為是〔註283〕。

總理衙門仍然支持劉銘傳的政策，各國公使自難同意。直到光緒十四年三月
十八日（1888.4.28），德、美等八國公使聯名照會總理衙門，以強硬的態度迫
使總理衙門屈服，總署不得已急電北洋大臣李鴻章轉電台灣，飭令仍照同治
八年所定章程，聽由洋商照舊領單自行購辦樟腦照章完稅，以息爭端，至於
內地稅釐的征收，仍可另行設法辦理〔註284〕。

列強干涉劉銘傳樟腦政策的結果，使得洋商又可以領單入內地採購樟腦，
不加限制。但是在官軍保護下的腦務人員，深入番境收購樟腦，專賣給包商，其
數量自較洋商所能購到的為多，形成官辦與洋商競購樟腦的雙軌系統〔註285〕。

〔註282〕美使田貝致總理衙門照會，丁亥年十二月十三日（1884.1.25），見「去來底
稿」，卷5。
Charles Denby to T. F. Bayard, Peking, January 26, 1888, U. S. National Archives,
Department of State, Despatches from U. S. Ministers to China, Microcopy No.
92, Roll No. 83.轉引自黃嘉謨：前書，頁373。
〔註283〕總理衙門致美使田貝照會，光緒十四年正月初五日，原件存美國國家檔案局，
見中文檔第一函匣。轉引自黃嘉謨：前書，頁374。
〔註284〕李鴻章：《李文忠公全集》，電稿，卷9，頁37～38。
王彥威等編纂：《清季外交史料》，台北，文海出版社，民國52年3月，卷
75，頁31。
〔註285〕China Imperial Maritime Customs, Tamsui Trade Report for the year 1888, PP.
290～293; Takow Trade Report for the year 1888, PP. 308～311。轉引自黃嘉
謨：前書，頁375～376。

　　由於樟腦出口管理系統並不完整造成洋商走私漏稅之現象，特別是中部地區，尚未設有子口稽查，洋商收購樟腦之後，就近在鹿港裝船載往台南或北部口岸，轉運出口，此類樟腦廳納的子口半稅，就此逃漏。劉銘傳乃於光緒十六年（1890）二月，在彰化縣城設卡，作為中路子口，並以鹿港為經過驗卡，同時規定嗣後洋商或其僱用人員至內山一帶採販樟腦各貨，須將所領海關三聯印單隨同貨物赴卡呈驗，經核明斤數相符，換給運照，方准運往鹿港驗卡點驗後裝船，南至安平或北至基隆、滬尾各最後子口卡納稅。如有違反此項規定，逕赴鹿港或其他汛港出口，或經由陸路挑往南北各地，繞越彰化城卡，不換運照情事，無論有無領持三聯印單，一經盤獲，即行全數充公究辦〔註286〕。

　　劉銘傳指定各路第一子口，規定洋商應將三聯單隨貨過口呈驗，否則一經盤獲即行充公的事，仍然遭到北京各國公使的「共同合作政策」的干涉。光緒十六年五月初一日（6.17）德、美等人國公使聯銜照會總理衙門，指責劉銘傳任意設定不便於洋商的子口與驗卡，顯然違背條約（同治八年樟腦條約），要求總署咨行台灣巡撫，申明下列事項：

（1）洋商在內地購買貨物，或請三聯單、或逢關納稅、遇卡抽釐，均無不可，如因洋商未持聯單，即將所販運土貨入宮充官，則屬有違定章。

（2）洋商持單運貨前赴口岸，無論順經任何水陸便捷路線，應聽其自便，仍按條約子口稅章定例辦理，不得令按固定路程行走。

（3）通商口岸與碼頭中間，所有設卡征收土貨稅釐情事，概與定章不符，即如台南府至安平途間，不得設卡抽釐〔註287〕。

甚至惡意批評劉銘傳「……懷攬市居奇之意，陽允洋商入內，而陰實設法阻撓」〔註288〕。總理衙門先是支持劉銘傳之政策，但最後仍然在外力壓迫下，命令劉銘傳讓步，光緒十六年十二月十八日（1891.1.27）劉銘傳終於下令廢

〔註286〕台南府曉諭設立子口港告示，光緒十六年閏二月二十七日。台灣巡撫致各國領事照會。光緒十六年三月初十日。原文抄本均見美國國家檔案局藏，中文檔第一函匣。轉引自黃嘉謨：前書，頁376。

〔註287〕德、美等八國公使致總理衙門照會，光緒十六年五月初一日，原文見美國國家檔案局藏，中文檔第一函匣。轉引自黃嘉謨：前書，頁378。

〔註288〕德、美等國公使致總理衙門照會。光緒十六年六月十五日，見「來去底稿」，卷六。轉引自黃嘉謨：前書，頁378。

止施行已逾四年的官辦樟腦專賣辦法。此後只規定腦戶每月應按竈繳納防費八元，以充局勇經費〔註289〕。

在清廷下令廢除台灣樟腦專賣的理由中，固然不敢正面向西洋列強諸國挑戰，反而完全抹煞劉銘傳在台灣實行該項政策之用心，與遭受列強帝國主義者無理干涉之困境，竟然說如果英國「地多蟲蟻」，需「以腦薰屍」，而「中國自古以來，除鹽、硝、硫磺官營以外，均許私售」〔註290〕，因之樟腦專賣實行了四年，乃遭廢除。清廷對外聲明廢除樟腦專賣之理由，無異於完全屈服於貪得無厭的列強，為迎合其利益，而喪失了內政自主之權。

此次劉銘傳四年樟腦專賣，有二個特點，所以樟腦業有所振興；一是腦務總局給予腦丁每擔九至十一元，再以每擔十二、十四、十八、二十元賣給包商，比第一次官方給腦丁每擔六元，以十六元賣給包商，剝削較輕〔註291〕。一是劉銘傳廢除民隘，改設隘勇制，一面屯墾自給，一面守邊，加上積極的撫番政策，減少番害，保障樟腦產地的安寧，使腦業得以勃興。

劉銘傳的樟腦政策，從專賣（但不完全排斥洋人）到官洋爭購以及制止洋商逃稅的措施，都受到列強的強烈干涉，在列強的外交壓迫中，勉強渡過四年的官辦樟腦專賣。「第二次專賣對腦業既有所振興，又值樟腦市場擴大之際，專賣廢除，實屬可惜，日本據台後於1899年實行樟腦專賣，雖有外商反對，日本政府仍不理會，而樟腦專賣終成日本據台時四大歲收之一」〔註292〕。由於劉銘傳在台實施樟腦專賣政策，遭受列強的干涉，最後不得不廢除專賣的實情，與日本據台後不理會列強的反對，實施台灣樟腦專賣相比，令人慨嘆歐美列強對中國經濟侵略已到貪得無厭的地步了。劉銘傳在台灣的努力，就是最好的例子。

〔註289〕松下芳三郎：前書，頁11。

　　　　林滿紅：前書，頁61。

　　　　黃嘉謨書中「腦戶每月應按灶繳納防費八角」是錯誤的數字，頁380。

　　　　馮用輯：《劉銘傳撫台前後檔案》「台南府行知所有台灣樟腦自十七年正月起由腦戶自行覓售按灶抽收防費」（光緒十七年正月二十二日），頁210～211。

〔註290〕連雅堂：前書，頁578。

〔註291〕林滿紅：前書，頁59～60。

〔註292〕同上，頁60。

第五節　撫番

　　十九世紀中葉以後，歐美列強在東亞擴充力量，尋找殖民地的國際環境中，特別是牡丹社事件危機之前後年間，台灣番族（少數民族）成為島上一項重大的政治問題，沈葆楨開山撫番的政策，乃對列強宣佈中國政治勢力進入少數民族所居住的山區，試圖杜絕外力干涉少數民族問題。雖然政治力量已經進入山區，但如何使番族成為順從於清朝體制，並且以儒家思想為價值體系的政治群體，則是相當不容易的事，其中涉及強迫改變番族之社會結構、生活型態與價值體系等等問題。所以對番族而言，他們面臨了最嚴重的威脅與挑戰；對台灣地方官員來講，撫番不論是採取懷柔主義，恩威並行主義或武力討伐主義，都不容易在十年間（1874～1884）達到上述的目的。因為「台番不相統屬」〔註293〕，所以在撫番過程中，雖然番社激烈反抗，但不會形成巨大的，有領導中心的聯合抵制勢力，所以撫番在恩威並行等政策下，還可以獲得部份成效。

　　劉銘傳撫台時，台灣生番「仇殺依然，聲氣仍歸隔絕」〔註294〕，「萬一外寇猝臨，陰結番民，使生內亂，腹心之害，何以禦之？」〔註295〕，可見劉銘傳認為經營台灣所面臨問題中，番族問題仍是繫台灣安危的關鍵之一。

　　撫番的最先目標，如沈葆楨言：「為海防孔亟，一面撫番，一面開路，以絕彼族覬覦之心，以消目前肘腋之患，重點以為防護洋務而著想，劉銘傳撫番亦顧及洋務，「全台生番剿撫兼施，盡行歸化；然後籌辦海防，專心禦侮，可無內顧之憂」，但劉銘傳又說「誠令全番歸化，內亂無虞；外患雖來，尚可驅之禦侮，既可減防節餉，又可伐內山之木以裕餉源」〔註296〕。所以劉銘傳之撫番，主要目標，仍然與初期洋務運動時期的撫番目的一樣，將番族納入政治勢力控制之下，以消彌內亂外患之根源，但劉銘傳的撫番則更進一步，試圖以具有相當戰鬥力的生番做為兵源，利用歸化生番抵抗列強的侵略。更重要的目標是開發山區資源，發展台灣的經濟，增加台灣的財源。因為「台灣平埔民地居其四，高山番地居其六」〔註297〕，而「各社所佔膏腴之地，高

〔註293〕劉銘傳：前書，「台灣暫難改省摺」（光緒十一年十月二十七日），頁156。
〔註294〕同上。
〔註295〕同上，「條陳台澎善後事宜摺」（光緒十一年六月十八日），頁148。
〔註296〕同上。
〔註297〕同上，「覆陳撫番清賦情形摺」（光緒十四年十二月十六日），頁150。

山宜茶，平地宜穀，一旦教之耕種，皆成富庶」〔註298〕。所以撫番事業同時具有發展台灣經濟的目的。

　　光緒十二年四月，劉銘傳創立直隸於巡撫的全台撫墾局設於大嵙崁，自任撫墾大臣，以林維源為幫辦大臣，負責北路，中路由林朝棟，南路由署台灣道陳鳴志負責〔註299〕。並於番界各要關分設撫墾局，局下設分局，據台灣通史所記，當時成立的撫墾局，計有八個撫墾局，十八個分局，詳情如下：

叭哩沙撫墾局	蘇澳撫墾分局、阿里史撫墾局
埔里社撫墾局	木屐蘭撫墾分局、蜈蚣崙撫墾分局
南勢角撫墾局	北港撫墾分局、水長流撫墾分局、馬鞍籠撫墾分局、大茅埔撫墾分局、大湖撫墾局
大嵙崁撫墾局	南莊撫墾分局、五指山撫墾分局、咸菜甕撫墾分局、三角湧撫墾局、雙溪撫墾局
台東撫墾局	花蓮港撫墾分局、璞石閣撫墾分局
恆春撫墾局	
蕃薯寮撫墾局	枋寮撫墾分局、隘寮撫墾分局
林杞埔撫墾局	

〔註300〕

這些撫番行政機構，如何進行撫番呢？我們先從撫番局內部結構觀看，依據台灣通史記載，撫番局內部組織有委員、幕賓、通事、司事、局勇、醫生、教讀、教耕、剃頭匠等〔註301〕。

　　當時撫墾局進行撫番，其辦事章程大意如下：

　　（1）歸化生番一律薙髮。

　　（2）建立番社戶口資料。

　　（3）選任頭目為社長，官方月給薪水。

　　（4）生番既歸化，赴市鎮不准帶武器。

〔註298〕同註293。

〔註299〕劉銘傳：前書，「督兵剿撫中北南路生番請獎官紳摺」（光緒十二年十一月十一日），頁211～217。

〔註300〕林衡立：〈撫墾〉，《文獻專刊》，第4卷，第1、2期合刊（劉銘傳特輯），台灣省文獻委員會出版，中華民國42年8月27日，頁52～53。

〔註301〕同上，頁53～54。

（5）禁止與生番私易軍火。

（6）民番糾紛，由局解決。

（7）設立義學，教化生番〔註302〕。

事實上撫番進行的原則，可以分為懷柔主義、恩威並用主義、與武力討伐主義，不論採行那個原則，都含有侵犯與殖民色彩，如有不同也只是侵犯程度不同而已，所謂懷柔之策，其實情如下列所舉一斑：

> 番性貪嗜而更梗直，稍加恩待，則其互相感動，自必穰往熙來。倘
>
> 於其間迎機引導，更必漸就範圍〔註303〕。

其中之稍加恩待，亦即對來歸化生番，「每各給飯食錢一百文，計日給領」等之懷柔手段。懷柔政策之外，須配以恩威並用之策，才足以控制生番。如：

> 食鹽等項均為番所最利之物，故其視若性命。為今之計，惟有禁民
>
> 私換；所以挈其要領，而制其不敢再叛，莫善於此〔註304〕。

食鹽為少數民族生活所必需之物，撫番策之一，即禁止百姓與番人交易食鹽。番人需要食鹽，只有仰賴官方供給，但是官方給鹽也限定數量，「每一番准換二三帽之鹽，多則違禁」；「所以使其鹽不足，則該番不敢遽行背叛」；在控制歸化生番的方法上，還有如下之策：

> 或開道路，或築河工，使其勞困異常，筋疲力盡，則夜間無暇出草
>
> （殺人）〔註305〕。

不論懷柔之策或恩威並用之策，生番所面臨的是一種不同的文化體系，接受與不接受，都不是他們所能自由選擇。除前述懷柔政策、恩威並用政策諸手段外，最主要的手段是如何培養臣服於清體制，並且以儒家思想為價值體系的山地精英份子，要培養山地精英份子，教育工作是最主要的手段。

　　沈葆楨開山撫番以前，台灣番人的教化，專以平埔番為對象，對未歸附的生番，完全採取消極的政策，置生番於化外之世界。光緒元年，才開始積極的教化生番政策。教化生番的目的，可從訓番俚言中得知：

> 教爾通言語，得為中華人；為爾設義學，讀書識理義，當知君王恩，
>
> 在家孝父母；有兄當敬兄，有弟當愛弟，男女當有別，鄰里要相親；

〔註302〕筆者根據林衡立前文（〈撫墾〉）所舉各招撫局撫番章程，取其共同之原則而成。

〔註303〕林衡立：前文，「埔里社招撫局撫番章程」，頁56。

〔註304〕同上，頁57。

〔註305〕同上。

　　切勿思殺人，殺人要償命〔註306〕。
主要是教以儒家倫理，使接受儒家社會規範，同時忠於大清王朝。

　　光緒十二年四月全台撫墾總局成立之後，擴大生番教育的計劃，設立更多的番學或教化堂，教化生番，特別是於台北府城成立一所番學堂，計劃就生番中養成撫番人材〔註307〕。台北番學堂專收番社頭目中有勢者之子弟，十歲以上未丁年而資質慧敏者。教育的內容，正科為讀書、習字；副科為官話、台灣語及詩文。所用教科書為三字經、四書、五經中之詩、書、易。番學童的生活費用、教育費用概由官支出，在校生活方式與漢俗相同；同時三日一次觀光市內外，以提高他們的學習興趣。除台北番學堂外，其他各縣廳亦設有義學、番學或教化堂，如恆春縣義塾、鳳山番社義學、卑南學堂、楠仔腳蔓番學（雲林）、巒山大社番學（埔里社），頂破布鳥莊番學等〔註308〕，同樣教以儒家人倫之道。

　　劉銘傳設番學，其番學童的來源，多由「質子以降」，「送子求撫」，「送子為質」，將做為人質的番童送於番學，而番學所在地，乃官方控制之地，一方面藉番童為質，迫使生番就範，另一方面經由教化番童，使學成後歸山，他日為頭目以感化眾番〔註309〕。

　　劉銘傳的生番教化政策，要使番人學習中國文字，講官話或台灣話，接受儒家倫理與中國社會的生活習慣；在形式上，先要求他們穿著如漢人，結髮辮，成為典型的滿清臣民，這樣的努力，當然與他對台灣的政府與經濟目標有關。假如能將這些番人漢化，改變他們粗獷仇殺的獵人習性，而成為和平的，甚至從事生產的農夫，台灣的廣大山區便可移進更多的漢人。在經濟上，將可擴大農業的生產量，增加土地稅收（土地昇科），和充分開發山上的木材與樟腦，在政治上，因為有更多的漢人住在山上，可杜絕外國人藉口佔領台灣。

　　撫番雖然有懷柔政策，恩威並用政策，然實際上卻以武力討伐政策為主，蓋「以撫為名，實則剿之而已」〔註310〕，在撫番武力討伐之役中，較大之戰

〔註306〕屠繼善修纂：《恒春縣志》，台灣銀行經濟研究室編印，台灣文獻叢刊第七五種，「招撫」。林衡立：前文，頁58。
〔註307〕林衡立：前文，頁60。
〔註308〕同上，頁60～61。
〔註309〕詳見劉銘傳剿番諸摺。
〔註310〕洪棄生：前書，頁55。

役有（1）光緒十一年四月～光緒十二年九月東勢角北勢番之役，派兵勇計達九千五百人大舉進剿，並設砲台於要害合擊；（2）光緒十三年八月～十月南勢番之役，派兵二千五百人進剿，並於扼要設置砲台攻擊；（3）光緒十二年正月～十二月，以三營兵勇討伐大嵙崁番；十二月以二營兵勇討伐五指山番。光緒十三年秋，派千兵討伐大豹社；（4）光緒十四年六月，台東之呂家望社生番圍攻直隸州衙門與駐軍軍營，生番太巴望、馬太安社應之北迫花蓮港營，全局震動，劉銘傳派台灣總兵萬國本、澎湖水師總兵吳宏洛，乘輪赴援，海軍統領丁汝昌以艦來援，始解圍平息；（5）大南澳之役，光緒十六年一月，征討南奧番，調福建兵艦來援，又派定海永保兩艦運輸糧餉，並派請遠艦於蘇澳港備急，劉銘傳親駐蘇澳，以策全局，派兵兩千深入番地討伐。〔註311〕劉銘傳的撫番，根據其奏摺所載，在光緒十三年四月時，已有生番十六萬人歸化〔註312〕。事實上所謂歸化，可能是經武力彈壓後的番社而已，所以劉銘傳說：

> 南北番歸化後，仍令各軍加意嚴防。誠知其蠢然無知，生性反覆，非恩可結，非理可明。不過暫時羈縻，逐漸誘導，非一撫之後竟能永遠無事也〔註313〕。

在劉銘傳七年撫台期間，多次動兵剿番，有一次動用的軍隊高達十五營，各地之防軍都被調動。剿番所使用的武器有炸礮〔註314〕、火箭〔註315〕、地雷〔註316〕、近代戰船〔註317〕，這些武器都是洋務運動所積極推動的軍事近代化的產品。劉銘傳能夠號稱全台生番一律歸化〔註318〕，其中最重要因素就是充分運用了洋務運動軍事近代化所製造或購買的產品，藉精良武品，鎮壓不服番社，而達到撫番的效果。

〔註311〕劉銘傳：前書，卷四，「撫番略」諸摺，頁199～246。

〔註312〕林衡立：前文，頁59。

〔註313〕劉銘傳：前書，「奏請剿撫番社出力人員應照異常勞績核獎片」，頁417。

〔註314〕劉銘傳：前書，「督兵剿撫中北兩路生番請獎官紳摺」（光緒十二年十一月十一日），頁213。

〔註315〕同上。

〔註316〕同上，「剿平南澳番社請分別賞罰摺」（光緒十六年閏二月初七日），頁240。

〔註317〕同上，「攻克後山叛番並北路獲勝請獎官紳摺」（光緒十四年九月初二日），頁226。

〔註318〕同上，「全台生番歸化匪首就擒請獎官紳摺」（光緒十五年二月十三日），頁234。

第五章 後期洋務運動的展開

第一節 軍事的近代化

洋務運動的主要項目之一是要促使中國軍事近代化，而軍事近代化的主要項目以購買新式槍砲、船艦；並且設立機械局，經由技術的引進與模仿，達到自製新式槍砲、船艦，以減低對西洋武器的過份依賴。

台灣初期的洋務運動中，主要目標為透過洋務的推動，促使台灣島上的軍事近代化，如主張購買輪船，架設電線、建造鐵路、開發硫磺、煤礦、鐵礦、石油等，無不以促成軍事的近代化，達到強化台灣軍事力量以防列強侵略為目的。還有與強化軍事力量直接關連的是，購買武器槍砲、設立工廠、製造武器槍砲等等。

劉銘傳為淮軍名將，在鎮壓太平天國諸戰役，屢次獲勝的原因是因為他擁有新式武器，利用西法練兵等；劉來台抗法，在抗法戰爭中所遭遇的困境，益使他認為必須有效的促使台灣軍事的近代化，以下就一、購買槍砲，二、設立台灣機器局，三、設鐵路、購買輪船與架設電線，論劉銘傳如何促使台灣軍事之近代化，而有關改革台灣軍政以配合新式武器之政策，已在前章詳述，本節不再重複贅述。

一、購大礮與築礮台

根據各項資料記載，劉銘傳抵台時，台灣大砲的布置情形如下：

基隆：砲台四座、各式砲約十四門、最大的砲口徑為十八公分（Centimetres）。

淡水：砲台三座，約有槍砲七門。

安平：五門十八噸、阿馬士莊大礮（18- ton Armstrong gun）四門、四十磅大砲彈砲、四門二十八磅砲、二支格林槍。

打狗：很多十二噸或十二噸半之槍砲、二門六噸半槍砲。

澎湖：五門礮台，至少有十八門槍礮，其口徑多為二十二或二十三公分〔註1〕。

劉銘傳來台後第一次表示要購買槍械（大砲）是在1885年末，向 Mitchell & Co.駐台代理商威廉・安蒙士唐（William Armstong）提出請求〔註2〕，幾個月後英商怡和洋行（British Jardine Matheson & Co.）和美商旗昌洋行（Russell & Co.）也競相與劉銘傳簽定購買約定，後由怡和洋行承受這項武器買賣，經過很長的一段時間，大砲才造好運至台灣，因而在1889年以後，台灣增加了三十一門阿馬士莊新式後腔鋼砲，共花費六〇〇、〇〇〇兩（海關兩）〔註3〕。

新買的三十一門大礮，其詳細內容如下：

表5-1　劉銘傳購買三十一門大礮詳細內容表

大礮數目	口徑（英吋）	砲重（磅）	砲長（英吋）	輕砲彈數	重砲彈數
4	4.75	4,000	133	280	120
4	6	9,000	168	280	120
4	7	15,000	196	280	120
8	8	26,880	220	560	240
7	10	56,000	280	490	210
4	12	96,320	336	280	120

資料來源：Jardine, Matheson & Co. Archives,（Located in University Library, Cambridge, England）轉引自 William M. Speidel, Liu Ming-Ch'uan in Taiwan' 1884～1891, P. 165b.

〔註1〕陳漢光：〈平法戰爭〉，《文獻專刊》，第4卷，第1、2期（劉銘傳特輯），台灣省文獻委員會出版，中華民國42年8月27日，頁108～110。

〔註2〕Great Britain, Embassy and Consular Archives, located in the Public Record Office, London, F0228/808（Tamsui），Frater to O'conor, November 9, 1885, quoted from Speidel, William M., Liu Ming-Ch'uan in Taiwan, 1884～1891（Yale University dissertation, 1967），P.166.

〔註3〕劉銘傳：《劉壯肅公奏議》第二冊，台灣銀行經濟研究室編印，台灣文獻叢刊第二七種，「英國購礮請獎監辦參贊片」（光緒十五年五月），頁265。

根據英國之一項秘密報告，這些新的大礮佈防的情形如下：

砲之大小（口徑）

佈防地點	12吋	10吋	8吋	7吋	6吋	5吋
基隆	1	1	4		2	2
淡水	1	1	2			
澎湖	2	5	2	4	2	2

註：口徑 5 吋大砲可能是指 4.75 吋之砲

資料來源：Great Britain, Embassy and Consular Archives, （Located in the Public Record Office, London） FO288/881（Tamsui）, Bourne to Walsham, March 2, 1889. 本文轉引自 Speidel, William M., op. cit., P.166

　　從這些新購大砲佈防的情形判斷，劉銘傳的佈防重點在台灣北部澎湖，為何偏重北部和澎湖，可能的理由是南部在沈葆楨時候已佈置妥善，北部佈防單薄必須加強；法戰爭期間，北部和澎湖遭受法軍攻擊最嚴重，必須加強軍事武力，另外一個理由是更加鞏固劉銘傳在北部的武力基礎。

　　由於這項武器買賣洋商競相承辦，「議價自八十餘萬兩減至六十四萬兩，已由美商旗昌洋行議辦。英商怡和願減價銀四萬兩，訂價規定銀六十萬兩，包運上岸」〔註4〕。劉銘傳非常重視這筆武器買賣，尤其注意英商以較廉價承辦，恐怕各礮製造時偷工減料，乃致函當時出使英國大臣劉瑞芬派委參贊知府李經芳查驗〔註5〕。李經芳除不時親赴該礮廠查看外，尚且僱用熟習礮工，妥實洋人駐廠監視〔註6〕。

　　當各礮造成之後，駐英大使劉瑞芬還另派隨員驗試，結果所造各礮「均與合同相符」〔註7〕。劉銘傳在接收這項武器時，自己還「復加勘驗」，認為「製造精利、體質堅剛，詢為海防利器」〔註8〕。洋商對於劉銘傳嚴格要求依照規定製造大礮的事，也敬畏三分，所以即使「虧折甚鉅」也不敢偷工減料，

〔註4〕馮用輯：《劉銘傳撫台前後檔案》第二冊，台灣銀行經濟研究室編印，台灣文獻叢刊第二七六種，頁 173。

〔註5〕同上。

〔註6〕同上。

〔註7〕同上。

〔註8〕同上。

或是拖延交貨期限〔註9〕。

　　為了配合新式槍砲，劉銘傳乃另造礮台，除安平舊台尚可修葺應用外，其餘基隆、滬尾、澎湖等處，都需擇地另造新礮台〔註10〕。為造礮台劉銘傳上奏請准購「鐵水泥」十二萬桶，每桶銀二兩九錢〔註11〕。根據資料顯示，劉銘傳至少進口波特蘭水泥（Portland Cement）在六、〇〇〇桶以上〔註12〕。

　　建造礮台的監工由洋人鮑恩士及礮廠派來總兵聞德詳勘〔註13〕，其中基隆礮台由劉銘傳之洋人軍事顧問 Lt. Hecht 負責監造〔註14〕。當時劉銘傳在澎湖築礮台四座、基隆、滬尾各二座，都使用外洋鐵水泥層累堅築，可以防止巨礮之震力〔註15〕。據當時報紙報導：

　　　　基隆的礮台，可能是目前中國所有礮台中最精良的礮台，在同一時
　　　　間內，可以做到任何幅度的射擊〔註16〕。

而美國駐廈門領事在參觀淡水礮台後，也指出：

　　　　劉銘傳在淡水建造的礮台，任何來自海上的攻擊，也無法攻克它〔註17〕。

　　劉銘傳也在打狗建造了一座新礮台，配有一門二十四噸和二門三十六噸槍礮〔註18〕。據英國領事指出，該座礮台的建造在技術上已經達到不需要外國人的協助之地步〔註19〕。

　　雖然劉銘傳在南部之打狗（旗后）和安平也都各造礮台一座〔註20〕，但

〔註 9〕同上。
〔註10〕劉銘傳：前書，頁266。
〔註11〕同上，頁267。
〔註12〕North China Herald and Supreme Court and Consular Gazette October 12, 1888, P. 415, Chinese Times, August 17 1889, PP. 523～24, quoted from Speidel, William M., op. cit, P.168.
〔註13〕劉銘傳：前書，頁267。
〔註14〕Speidel, William M., op. cit, P.168.
〔註15〕劉銘傳：前書，頁267。
〔註16〕Hongkong Daily Press, November 9, 1891, P.3; China Mail July 9, 1890; P.3, quoted from Speidel W. M. op. cit., P.168.
〔註17〕U. S. National Archives, U. S. Consulate, Amoy, Despatches from the United States Consuls in Amoy, Crowell to Wharton, March 19, 1890; quoted from Speidel, W. M., op. cit., P.169.
〔註18〕Speidel, W. M., op. cit., P. 169.
〔註19〕Great Britain, Embassy and Consular Archives, located in the Public Record Office, London, FO 288/837（Taiwan）, Warren to Walsham, August 7, 1886; FO 228/881（Taiwan）, Warren to Walsham, November 6, 1889; quted from Speidel, William M., op. cit., P. 169.
〔註20〕劉銘傳：前書，頁267。

實際上劉銘傳是偏重於北部和澎湖。對劉銘傳而言，北部的軍事地位當然比南部重要，所以重視北部軍事的近代化。另外重視澎湖的原因，乃因澎湖在軍事上的重要性，劉銘傳指出：

> 臣到台一年，縱觀全局，澎湖一島，非獨全台門戶，實亦南北洋關鍵要區，守台必先守澎，保南北洋亦須以澎廈為筦鑰。……此澎廈設防，實關全局，非僅為台灣計也〔註21〕。

澎湖一島，既為閩台門戶〔註22〕，而且繫南北洋安危，建造四坐礮台實在有其必要。

同時，另外一個因素，使劉銘傳重視北部軍事的近代化，乃是駐紮台灣北部和澎湖的軍隊，實際上都是劉銘傳的銘軍。以自己之軍隊駐紮軍事要區，固可以守台並且防護南北洋，同時也是穩固本身的政治勢力範圍最重要的基礎，因而將最新式的武器配裝在自己系列下的軍隊。同時在自己系列下軍隊駐紮地區建立最堅固之礮台，都與此目的有很深的關連。南部地區都是楚營勢力，雖然劉銘傳很巧妙地控制了楚營軍隊，但在擁護劉銘傳的程度上，可以想像勢必比不上淮軍的忠誠，所以劉銘傳比較不重視南部地區軍事的近代化，與此原因也有很大關連。

二、其他的新式武器

雖然購買阿馬士莊新式後腔鋼礮三十一尊，並新築砲台十座，增加海口的防禦能力。但是萬一列強攻克礮台企圖占領陸地時，就必須依靠戰鬥力極強的軍隊抵禦，所以仍然需要購買近代槍械，重新武裝各營駐軍。當時怡和洋行和旗昌洋行競相出價，後來劉銘傳決定購買美國出產的武器黎意連響兵槍（Leo Repeating rifle），預計購買槍八千枝，由美商旗昌洋行承辦，但是這些槍枝是否送交台灣當局則不甚清楚〔註23〕。不過在光緒十四年劉銘傳曾說：「台灣先後購買後膛洋槍萬餘桿」〔註24〕。

另外旗昌洋行並為代安排在法國購買二枚六十五厘米迫擊砲和五〇〇個砲彈〔註25〕。劉銘傳也請怡和洋行估價購買價值二〇、〇〇〇兩水雷和地雷

〔註21〕同上，「條陳台澎善後事宜摺」（光緒十一年六月十八日），頁148。

〔註22〕同上，頁246、280。

〔註23〕Speidel, William M., op. cit., P.170.

〔註24〕劉銘傳：前書，頁266。

〔註25〕Hongkong Daily Press, March 20, 1889, P.45,quoted from Speidel, William M., op. cit., P. 170.

（碰雷），並配齊雷線，和其他附屬品，結果由旗昌洋行出價二一、〇〇〇兩承辦，取代了怡和洋行〔註26〕。劉銘傳也由上海 Buchheister & Co.洋行承購價值一〇〇、〇〇〇兩的德國火藥，由上海 Schultz & Co.洋行承購價值三三、三五〇兩德國火藥〔註27〕。

三、台灣機器局

清末洋務官僚最早創設的近代軍用工業是 1861 年曾國藩在安慶設立安慶內軍械所，專門製造子彈、火藥、炸礮等，此後曾國藩、李鴻章、左宗棠等相繼在各省設立機械局，直到 1885 年，中國已有十七個主要的近代軍事工業生產中心〔註28〕。

中法戰爭初起，劉銘傳奉旨來台督辦軍務，曾透過南洋大臣曾國荃，道員龔照瑗在上海設局轉輸軍火，接濟台防〔註29〕。後因法艦封鎖海口，又缺乏船隻可派，一時隔絕，苦於補給不濟。事平之後，劉氏深感槍械存儲之必要，乃積極購買西洋新式槍砲，而槍砲所需之子彈，應該自己仿造，以防子彈用盡則槍械變成廢物，同時因台灣孤懸海外，有事運濟艱難，劉銘傳乃主張設立台灣機器局〔註30〕。

劉銘傳命令由記名提督劉明幹負責建造，地點設在台北府城北門外，以契價銀一千六百八十兩八錢一分七釐，購買民田積方三千八百九十丈七尺八寸做為設廠地用，自光緒十一年六月興工，至十二年二月竣工，建成正側各屋並小機廠一百一十七間，共花費銀二萬三百二兩五錢。又建造軍械所七十三間存儲台北軍械，共花費銀一萬六千三百七十二兩七錢八分〔註31〕。

〔註26〕Jardine, Matheson & Co. archives （Located in University Library, Cambridge, England），（1）Private, Shanghai to Coast,J. Keswick to Spence（Foochow），May, 1886;（2）Europe Letter Books, Hongkong office to Whittall（London），June 23, 1886;（3）Private, Shanghai to Hongkong, J. Keswick to Irving, May 13, 1887, quoted from Speidel, William M., op. cit., P. 170.

〔註27〕North China Herald and Supreme Court and Consular Gazette July 11, 1890, PP. 50～52; August 22, 1890, P. 227; quoted from Speidel, William G., op. cit., P.170.

〔註28〕請參閱孫毓棠編：《中國近代工業史資料》第一輯，（文海出版社本），頁 565 ～566）。

〔註29〕劉銘傳：前書，「恭報自津起程日期並遵旨會商情形摺」（光緒十年閏五月十六日），頁 163。

〔註30〕同上，「奏報造成機器局軍械所並未成大機器廠摺」，頁 265～266。

〔註31〕同上。又，「清代機器局遺構」，坐落於北門鐵道博物館西側，塔城街旁，古蹟本體包括地面上的石砌圍牆及埋藏於地面下的石板道等構造物。

　　製造子彈之機器，由兩廣總督張之洞代購四色槍子機器一付〔註32〕，劉銘傳也主張添購製造砲子機器〔註33〕，製造子彈需要進口機器模子銅片各料，及添購洋鎗彈藥共用銀八萬四千一百一十二兩六錢八分零二毫〔註34〕。1888年，怡和洋行交給劉銘傳四九噸材料，包括一六一箱子彈用金屬，和二十三箱鋼片〔註35〕，除此之外，還訂購了價值約一萬兩的洋硝黃火藥〔註36〕。

　　台灣機械局除製造子彈、砲彈外，還做為劉銘傳各種近代化事業的中心。據一位觀察家指出，台灣機器局包括黃銅鑄造廠、鐵工廠、機械廠、鋸木廠〔註37〕。另一可靠資料也描述，台灣機械局除製造軍火、鋸木等外，還有修理鐵路裝備、汽船、和鑄幣等工廠，該機器局的部門和職工人數如下：

火車廠　員工十三名

砲子廠　員工五十八名

翻沙廠　員工三十名

熱鐵廠　員工三十名

槍子廠　員工八十名

冷鐵廠　員工三十名

修理廠　員工三十名

木工廠　員工十五名（人數不定）

伐木廠　人數不定

庫房和號房員工人數不詳〔註38〕。

台灣機器局的監督，為一德籍洋人步特勒（Butler）〔註39〕。

〔註32〕同上，「請撥援台洋百萬趕速辦防片」，頁261。

〔註33〕同上，「採購機器模片等件銀錢數目附奏片」，頁263。

〔註34〕同上。

〔註35〕Jardine, Matheson & Co. Archives, Hongkong to Coast, Hongkong office to Lau Ming Cheung the Government of Formosa, September 15, 1888; Hongkong office to Lau Ming Cheung, October 27, 1888; Hongkong office to Lau Ming Cheung, November 12, 1888; quoted from Speidel, William M., op. cit., P. 171.

〔註36〕劉銘傳：前書，「擬購水雷磺藥附請核議片」（光緒十四年九月），頁264。

〔註37〕Hongkong Daily Press, December 19, 1887, P. 2, quoted from Speidel, William M., op. cit., P. 171.

〔註38〕台灣總督府鐵道部：《台灣鐵道史》第一部，東京，1910年，頁99～104。

〔註39〕孫毓棠：前書，「捷報，1887年10月27日」（捷報，卷三九，頁455），頁516。

四、基礎事業的軍事價值

為了改善台灣的溝通與運輸問題，劉銘傳購買輪船、建造鐵路、架設電線，這些都是屬於社會資本的投資，乃是促使台灣經濟結構改變最重要的基本建設，因為這些洋務建設對台灣當時的環境而言，經濟上的意義重於國防上的意義。不過，就洋務官僚在台灣推動洋務建設而言，鐵路、電線、輪船等，都是以國防為最高目的。此三項建設的詳細進展情形，將在下節中討論。

但是就促使台灣軍事近代化而言，鐵路、輪船、電線是最主要的部份，其中尤以電線的作用在實際的運作上，發生很大的效果，就此三者的整體關係而言，電線聯絡了澎湖、台南、台北、福州（閩浙總督）、天津（李鴻章）、北京，使台灣真正納入中央直接控制之下，改變了邊疆地帶「鞭長莫及」的政治傳統；輪船是閩台間的最重要運輸工具，鐵路是島內最重要而且最快速的運輸工具，三者如能合為運用，對構成清末台灣軍事之近代化有重大之價值。

第二節　基礎事業

一、鐵路

光緒六年，中俄伊犁交涉最緊張時，劉銘傳以「前直隸提督」的資格奉召入京，上疏力言鐵路之利，並請修築京清鐵路（京師至清江），以聯南北〔註40〕。他說：

> 自強之道，練兵造器固宜次第舉行，然其機括則在於急造鐵路，鐵路之利於漕務、賑務、商務、礦務以及行旅釐捐者，不可殫述，而於用兵一道，尤為急不可緩之圖。……若鐵路造成，則聲勢聯絡，血脈貫通，節餉裁兵，併成勁旅，防邊防海，轉運槍砲，朝發夕至，駐防之兵即可為遊擊之旅，十八省合為一氣，一兵可抵十數兵之用〔註41〕。

〔註40〕吳鐸：〈台灣鐵路〉，包遵彭、李定一、吳相湘編纂：載中國近代史論叢第一輯第五冊，《自強運動》，正中書局印行，中華民國45年12月台初版，頁176。李國祁：《中國早期的鐵路經營》，中央研究院近代史研究所專刊，南港中央研究院近代史研究所出版，中華民國50年5月，頁54～57。

〔註41〕劉銘傳：前書，「籌造鐵路以圖自強」（光緒六年十一月初二日），頁122。

劉銘傳是第一位提出建議在中國大陸興建鐵路的洋務官僚〔註42〕，關於鐵路
經費，他甚至建議告洋貸，並相信洋商必樂於稱貸，而且修鐵路之工匠可聘
用洋人〔註43〕。劉氏對鐵路有深刻之認識，其見解與北洋大臣李鴻章相同，
但李鴻章的態度並不積極，南洋大臣劉坤一，亦同樣不積極。劉銘傳修造鐵
路的建議遭受保守派分子，如內閣學士張家驤（認為興辦鐵路有三弊）、御史
洪良品（認為鐵路有五害）、侍講張楷（認為鐵路有九不利）、通政參議劉錫
鴻（曾任駐德公使，主張鐵路適宜歐洲而不適宜中國，並列舉九害八無利八
不可行）〔註44〕等等的強烈反對。

　　以上是劉銘傳撫台前對鐵路的見解，以及他在中國興建鐵路遭受保守派
反對的情形。劉銘傳撫台前（光緒二年），已有基隆煤礦至濱海泊船處的小鐵
路，長一英里，這條鐵路的坡度甚大，上坡時用人力或獸力拉車輛〔註45〕。
丁日昌在光緒二年十一月，首先建議在台開辦鐵路〔註46〕。劉銘傳撫台後，
光緒十二年四月底五月初,晉源報已有劉銘傳欲在台興建鐵路的消息〔註47〕。

〔註42〕朱昌陵：〈劉銘傳與台灣近代化〉，《台北文獻》，6 期，中華民國 52 年 12 月，
　　　　頁 7。

Samuel C. Chu, "Liu Ming-ch'uan and Modernization of Taiwan", The Journal of
Asian Studies, No.1. Vol 23./1963）P.48.

〔註43〕劉銘傳：前書，頁 123。
　　　　李國祈：前書，頁 55。

〔註44〕李國祈：前書，頁 56～57。
　　　　關於李鴻章的反應，可參閱《李文忠公全集》，奏稿，卷 39，頁 20～29。其
　　　　不積極的態度，可參閱《李文忠公全集》，譯署函稿，卷 12，第 2 頁，「覆醇
　　　　郵論鐵路」。
　　　　關於劉坤一的態度，《劉坤一遺集》，第二冊，598 頁。
　　　　關於張家驤反對鐵路，可參閱《李文忠公全集》，奏稿，卷 39，第 37 頁，「議
　　　　覆張家驤爭止鐵路片」中所引。
　　　　關於劉錫鴻反對鐵路，可參閱葛士濬輯：《皇朝經世文續編》，卷 113，頁 6～
　　　　9，「縷陳中西情形種種不同火車鐵路勢不可行疏」（光緒七年正月）。

〔註45〕李國祈：前書，頁 67～68。

〔註46〕參閱本論文第三章第二節。

〔註47〕李國祈：前書，頁 70～71。據西國近事彙編，丙戌，卷 2，第 70 頁：「台灣
　　　　劉爵撫現欲建設鐵路由基隆至海口，以便運煤通至海口，俟造成後再續建艋
　　　　舺至滬尾，以便貨船運貨往外國口岸，皆可由滬尾直達，不必再彎廈門，以
　　　　免周折。此路造成後，尚須續建一條，由台南至台北，以便商議。聞劉爵撫
　　　　憲已與台灣英正領事訂定合同，不日即須興工矣」。
　　　　另據 H. B. Morse 在其所著 International Relations 一書中所述，劉銘傳建造台
　　　　北到基隆的鐵路，其建議來自 H. B. Morse. 但 Speidel, William M.認為「很難

光緒十三年三月二十日（1887年4月13日）劉銘傳正式奏請在台修建鐵路，他認為在台灣興辦鐵路有三大利益：

> 台灣四面皆海，除後山無須辦防外，其餘防不勝防，基、滬、安、旗四口，現已購砲築台，可資守禦，其餘新竹、彰化一帶，海口分歧，萬難遍布軍隊，概行設守，（中略）如遇海疆有事，敵船以旱隊猝登，隔絕南北聲氣，內外夾擊，危迫將不忍言。若修鐵路既成，調兵極便，何處有警，瞬息長驅，不慮敵兵斷我中路。此有裨於海防者一。台灣既經分省，須由中路建設省城，方可控制南北。查彰化橋孜圖地方，……地勢寬平，氣局開展，襟山帶海控制全台，實堪建立省會，惟地近內山，不通水道，不獨建築衙署、廟宇運輸艱難，且恐建城之後，商賈寂寥，雖有省垣，居民稀落，若修車路，貨物立見殷繁，建造各工，更多節省。此有裨於建省城者二。台北至台南六百里，中隔大溪三道，春夏之交，山水漲漫，行人斷絕，無能往來。……查大甲、房裏、曾文三溪，大者寬至十里，其次小溪二十餘道，或寬百餘丈。……統計大小溪橋工必需銀三十餘萬兩。今該商等承辦車路，此項橋工二十餘處，一律興修。火車巨利，暫不必言，公家光省橋工銀數十萬兩。此有裨於台灣工程者三〔註48〕。

劉銘傳認為在台灣修築鐵路有三利，我們可以根據這三利的理由，推敲劉銘傳設計鐵路時，可能考慮的問題，第一，從基隆到台南各要塞港口，固然本身設防，但是在彈藥補給上，必須與台北的台灣機器局有直接連繫〔註49〕。第二，新建省會彰化橋孜圖地方（今台中），地近內山，不通水道。就清代台灣都市的發展而言，如艋舺、鹿港、台南等都是近海的城市，亦即在缺乏近代交通工具前，在台灣要發展內陸都市是相當困難的〔註50〕。因此，劉銘傳興建鐵路，做為發展台灣內陸城市而言，尤其是發展省會所在地，更是最重

想像在 Morse 1885 年 7 月訪台前，劉銘傳沒有建造鐵路的想法」（Speidel, William M., op. cit P. 360.）

〔註48〕劉銘傳：前書，「擬修鐵路創辦商務招」（光緒十三年三月二十日），頁269～270。

〔註49〕Speidel, William M., op. cit. P.333.

〔註50〕李文明：〈台灣都市化與人口變遷〉，載蔡勇美、郭文雄編：《都市社會學發展之研究》，台北，巨流圖書公司，中華民國68年5月1版二印，頁181。

要的途徑。第三，興建鐵路，與改變台灣的社會經濟型態有很重要的關係。
劉銘傳擬修鐵路與創辦商務，據商務委員已革道員張鴻祿、候補知府李彤恩
稟稱：

> 現有南洋新嘉坡、西貢等島閩商陳新泰、王廣餘等復信，僉稱具願
> 回籍合辦台灣商務。……惟台灣一島，孤懸海外，當此分省伊始，
> 極宜講求生聚，以廣招徠。現在貿易未開，內山貨物難以進運，非
> 造鐵路不足以繁興商務，鼓舞新機。查安平、旗后兩口，海湧沙飛，
> 自春徂秋，船難近泊；滬邑一口，日形淤淺，輪船出入，輒誤時機，
> 只基隆一口，無須候潮，泊船輪便，因距淡水旱道六十里，運貨殊
> 難，中外各商不得已往來滬尾，若能就基隆開修車路以達台南，不
> 獨全台商務興，且於海防所裨甚大〔註51〕。

因為當時台灣的社會經濟型態，不利於商務的發展，所謂「內山貨物難以出
運，非造鐵路不足以繁興商務」。但這不是根本的原因，劉銘傳所希望的是「若
能就基隆開修車路，以達台南」，即全島的貨物輸出，經由鐵路運輸，集中於
優良的天然港口——基隆輸出。這種構想，即是從經濟方面把握建立台灣縱
貫鐵路（基隆——台南）的重要性。事實上，當時台灣因受地理條件的限定，
如劉銘傳所說「台北至台南六百里，中隔大溪三道：查大甲、房裏、曾文三
溪，大者寬至十里，其次小溪二十餘道，或寬百餘丈」，東西向的河川橫斷了
南北間的交通，又從來不修橋的緣故，南北的陸路溝通自然極為困難〔註52〕，
在經濟型態上，台灣便無法形成縱貫的、統一的市場型態，而不得不以北、
中、南各地之主要海口為中心，形成三個與大陸對岸在經濟上結合的橫斷面
市場型態〔註53〕。縱貫的、統一的市場無法形成，對全省的商業發展，甚至

〔註51〕劉銘傳：前書，頁268。
〔註52〕同上，頁269～270。「大甲溪經前任撫臣岑毓英督修石壩，以阻漫流，並未
　　　　修橋；……統計大小溪橋工必需銀三十餘萬兩。今該商等承辦車路，此項橋
　　　　工二十餘處，一律興修」，劉銘傳指出台灣大溪三道，小溪二十餘道，大溪如
　　　　大甲溪並未修橋，此次興造鐵路，須修橋二十餘處，可見劉銘傳前清治下未
　　　　修大橋。
　　　　又持地六三郎：《台灣殖民政策》（東京富山房發行，明治四十五年七月初
　　　　版，大正元年八月廿五日再版，頁256）：「清朝治下台灣島幾乎是無道路的
　　　　狀態」。
〔註53〕村上勝彥：《帝國主義成立期における植民地支配の經濟構造上抵抗主體形
　　　　成の基礎過程——植民地鐵道建設——台灣縱貫鐵道建設と植民地的經濟
　　　　再編——》，歷史研究別冊特集，東京，1975年，11月號，頁158。

社會、政治的發展，有不利的影響，所以縱貫線鐵路的建設，可以聯合原來的各個橫斷面經濟市場，達到統一的市場經濟型態〔註54〕。

劉銘傳上奏興辦台灣鐵路時，特別強調台灣島民的特別情況，他說：

> 台灣與內地情形迥殊，紳商多涉外洋，深明鐵路大利。商民既多樂赴，紳士決無異辭〔註55〕。

這與光緒二年二月十六日，丁日昌最初提議在台灣建台鐵路時，認為：

> 不知台中曠土甚多，輪路不致礙及田廬，開礦之處並無人居，且風水之說亦未深入膏肓。（中略）不知台灣係屬海外，與內地情形不同，……將來如奉密旨進行，則請辦奉中尚須聲明「台灣海島孤懸，廬墓無幾，不致為輪路所傷，仍請他處不得不援以為例」〔註56〕。

兩相比照，可以發現光緒初年丁日昌即指出在台灣興建鐵路的有利條件，（1）地理上孤懸海外，在頑固勢力範圍之外。（2）況且台灣內部社會結構不存在阻礙興建鐵路的因素，丁日昌還只是看到不阻礙洋務運動的消極因素，但劉銘傳完全掌握清末台灣島具有的特殊性，即內部社會和經濟結構的積極因素，合乎洋務運動在台實施的成熟條件，因之台灣鐵路的興建計劃，是開明洋務官僚，與明瞭國際政治情勢的商民紳士共同擬定的計劃。這個商民官僚的鐵路計劃合議如下：

一、基隆至台灣府城擬修車路六百餘里，所有鋼質鐵路並火車、客車、貨車以及一路橋樑，統歸商人承辦。議定工本價銀一百萬兩，分七年歸還，利息按照週年六釐。每年歸還數目，俟辦成後核量鐵路腳價進款數目，再行定議。

〔註54〕同上。
　　　　日本帝國主義據台後，於1908年完成台灣縱貫鐵路，將台灣的經濟型態，包括縱向的分斷性，和中國大陸市場橫向的個別連結市場型態，完全打破，達到日本建設台灣鐵路的經濟目標，即以日本市場連結基隆港，以高雄港做為南進的重要戰略位置。在這兩個港間以縱貫鐵路統一台灣的市場，結合日本國內市場。鐵路開通後，原來與中國大陸海岸有貿易的諸港如舊港、後壠、梧棲、鹿港、烏日、下湖口、東石等，貿易逐漸衰退，戎克船的交易在短期間也遭遇惡運。日本興建台灣縱貫鐵路，一方面是在治安和防備上做為消滅抗日力量的軍事運輸要道，另一方面，在經濟上是剝削台灣經濟的貨品運輸線。
〔註55〕劉銘傳：前書，頁270。
〔註56〕台灣銀行經濟研究室編印：《清季台灣洋務史料》，台灣文獻叢刊第二七八種，「福建巡撫丁日昌奏統籌台灣全局擬開辦輪路、礦務請簡派熟悉工程人員駐台督理摺」（光緒二年十二月十六日），頁13～15。

二、台北至台南，沿途所過地方，土沃民富，應用鐵路地基，若由商賈，民間勢必居奇。所有地價，請由官發，其修築工價，由商自給。

三、基隆至淡水、貓裏街至大甲，中隔山嶺數重，台灣人工過貴，必須由官派勇幫同工作，以期迅速。

四、車路所用枕木，為數過多，現在商船訂購未到，須請先派官輪代運，免算水腳。

五、車路造成之後，由官督辦，由商經理。鐵路火車一切用度，皆歸商人自行開支。所收腳價，官收九成，償還鐵路本利，商得一成，並於搭客另收票費一成，以作鐵路用度。除火車應用收票司事人等由官發給薪水外，其餘不能支銷公費。

六、鐵路經過城池街鎮，如須停車之處，由官修造成車房。所有站房碼頭，均由商自行修造。

七、此項鐵路現雖商人承辦，將來即作官物。所用鋼鐵條每碼須三十六磅，沿途橋樑必須工整料實，由官派員督同修造。

八、此項鐵路計需工本銀一百萬兩，內有鋼條、火車、鐵橋等項約需銀六十萬兩，商人或在德廠、或在英廠訂購，其價亦須分年歸還，如奉旨准辦，再與該廠議立合同，由官驗明蓋印以後，由商自行歸還，官不過問。如商人另做別項生意，另借洋款不能以鐵路作抵〔註57〕。

台灣鐵路的最初經建形式，是採取官督商辦，因為是商辦，所以資本金純屬商股〔註58〕，資金的籌措委由己革道員張鴻祿，候補知府李彤恩召致南洋閩商陳新泰、王廣餘等，集資一百萬兩開辦，將來路成之後由鐵路入款內分年提款償還商股，俟商股還清，鐵路即歸官有〔註59〕。

劉銘傳原先計劃由內閣侍讀學士，清末台灣大富豪林維源督辦鐵路，但林維源沒有接受，改由選用道員楊宗瀚總辦鐵路商務，楊宗瀚的特殊背景，為屬於洋務主流派北洋大臣李鴻章的派下〔註60〕，自係適當人選。

〔註57〕劉銘傳：前書，頁270～271。

〔註58〕吳鐸：前文，頁193。

〔註59〕劉銘傳：前書，頁268～269。

李國祁：前書，頁72。

吳鐸：前文，頁193。

〔註60〕劉銘傳：前書，頁272～273。

馮用輯：《劉銘傳撫台前後檔案》，台灣銀行經濟研究室編印，台灣文獻叢刊第二七六種，頁109～110。

　　當時商務委員決定「由英、德兩廠先行訂購鐵路鋼條三百三十里、鐵橋二道、火車客車七十具，定於年內辦齊……先由基隆造至彰化，再行接續前進。工程浩大，必須二、三年後方能完工」〔註61〕。光緒十三年閏四月初二日（1887.5.24），劉銘傳的鐵路計劃經海軍衙門議准〔註62〕。

　　然而鐵路建造工作的進行頗不如理想，光緒十四年十月，因「商股觀望不前」，鐵路建設資金發生了嚴重的問題，必須收回官辦〔註63〕。原因如下：

　　（1）「淡水至基隆，山河夾雜，須挖山洞九十餘丈，大小橋樑百二十餘座，穿山渡水，挖高填低，工程浩大」。又「各軍修築礮台、剿番、剿匪，無暇代修，均由商局僱夫興辦」。即第一段鐵路工程費用特別高。

　　（2）集股兩月，招有七十餘萬兩股本，但實際上僅有現金三十餘萬兩，且移用購買輪船。

　　（3）商民信服的商務委員李彤恩於九月病故，楊宗瀚也因病假離開台灣〔註64〕。

Speidel, William M., op. cit., P. 336.

劉銘傳奏請林維源督辦台灣鐵路的理由為：「近年內地招商集股，騙折過多，商股不無疑慮。查內閣學士臣林維源端謹忠誠，久為商人欽信。……其於理財一道，心計尤精」（同上）。一是以大富豪督辦商辦之鐵路，可有效招集鐵路股商，並防止內地發生過的洋務經營財務上的弊病。二是林維源精於理財，可以防商人「以多報少，任意吞匿」（《中國近代史資料彙編》，海防檔戊鐵路，中央研究院近代史研究所編，頁21）。但林維源清丈、撫墾等務在身，無法兼任鐵路商務差使，未予接任。

楊宗瀚曾於「同治元年投效大學士李鴻章軍營，歷保河南補用道報捐海防，盡先選用，其辦事精實，器局宏深，每以中國之大，不能富強為恨。經臣函招來台，總辦商務，實稱其選」（同上）。

〔註61〕劉銘傳：前書，頁272～273。光緒十四年十月十六日，劉銘傳「台路改歸官辦摺」，內稱「大小鐵橋十一道」，很明顯是錯誤的數字。（劉銘傳，前書，273頁；Speidel, W. A., op. cit., P. 360，在 Note 5 指出錯誤所在）。

商務委員決定先由基隆造至彰化，顯然係考慮茶、樟腦的運輸問題。

〔註62〕《海防檔戊鐵路，中國近代史資料彙編》，中央研究院近代史研究所編，頁20，第六號文「海軍衙門議覆摺」，係光緒十三年四月廿八日奏，閏四月初二日准。Speidel 文指出 IN JULY 1887 准其計劃，當係指商務委員之決定購買鐵路材料之計劃等（P. 336）此一計劃光緒十三年五月二十日奉准。

李國祁：前揭書，頁73。

〔註63〕劉銘傳：前書，頁273。

〔註64〕同上，頁274。

李國祁：前書，頁73。

既然商辦鐵路無法繼續進行〔註65〕，劉銘傳乃奏請改由官辦，鐵路資本不足，解決的辦法是：

> 臣同藩司邵友濂籌商至再，惟有自本年秋季以後，閩省每年協濟銀兩四十四萬兩，至十七年春季止，尚存未解銀一百零四萬兩。此項本擬節存備充建造省城經費，現省工尚堪稍緩，路工在急，非一時所可驟成，擬請暫挪先修鐵路，俟竣工後，即將所收腳價，歸還成本再等籌建城分治〔註66〕。

挪開閩省協餉一○四萬兩作為鐵路資本的建議，清廷在光緒十四年十一月六日同意（1888.12）。

　　台灣鐵路器材的購買，早在 1886 年劉銘傳就與外國商人有所討論，基隆到台北間的部分，劉銘傳決定購買德國的鐵軌和客車，負責辦理的代理商是泰來洋行（Telge & Co.），及台灣機器廠的德國籍工程師 Count Butler 從中活動，促使劉銘傳購買德國貨〔註67〕。但是，劉銘傳也和（英）怡和洋行（Jazdine Matheson & Co.）商議購買台北到台南線的鐵路材料，包括客車、鐵橋，雇用外國工程師監造，外國司機駕駛。1887 年，劉銘傳和怡和洋行代理人 Donald Spence 有了這方面協議〔註68〕。

　　另外橋工程也是修鐵路中的大問題，台北、基隆間的小橋就有一百二十幾個，更大的橋工程問題，是淡水河和大甲溪兩橋的問題。關於大甲溪橋，

繼楊宗瀚為台灣鐵路總辦者，為記名提督劉朝幹。（連雅堂，《台灣通史》，郵傳志，古亭書屋，民國 62 年 6 月 15 日影印本，頁 595）。

〔註65〕李國祁先生認為：台灣商辦鐵路，「集股兩月，雖說招有七十餘萬兩股本，實際上僅有現金三十六萬兩，且全部買了兩隻輪船。故台灣鐵路名義上是商辦，而用的卻是官款」（李國祁：前書，頁 73）。

〔註66〕劉銘傳：前書，頁 275。
「劉銘傳主持築路時，若不暫時犧牲建置省垣的計劃，挪用閩省協餉，鐵路資本恐即別無籌得之道，其結果當與丁日昌無異，因財源不足無法施工（吳鐸：前文，頁 197）。
挪用建省城的經費造鐵路。這件事，若從台灣建省工作的一方面看，不能不說是鉅大的犧牲，因為協餉本是撥作建立省城，添設郡縣，修造一應城垣衙署工程之用的，自它改充鐵路經費後，這些工程便須概行停緩。到了光緒十六年，銘傳才又奏准：自本年起，由錢糧項下分年提撥款項，將省會及雲林、苗栗兩縣城垣衙署次第修造（吳鐸：前文，頁 195）。

〔註67〕Hongkong Daily Press, June 9, 1887, p. 5; China Tie, July 23, 1887, P. 614; quoted from Speidel, W. M., op. cit., P. 337.

〔註68〕Speidel, William M., op. cit., P. 337.

劉銘傳向怡和洋行訂購了兩座鐵橋，但是鐵橋並未運至台灣，原因是怡和洋行未能按約準時運送鐵橋材料到台灣，1888 年劉銘傳批駁該項契約〔註 69〕。淡水河的橋工程，劉銘傳則委由廣東商人張家德營造，外國人對張之工程頗有批評：張氏所造之橋只是一座派得上用途的橋而已（a serviceable bridge）。但是，連雅堂台灣通史則說：「技亦巧矣」〔註 70〕。

　　至於鐵路機車及車輛之詳情所知就少，據一位觀察家之描述在 1895 年時，有八部機關車，二十部客車、二十二部無頂貨車，和四部有頂貨車，這些車輛中無法分辨德製或英製，惟據該觀察家所說，其中兩部機關車是光緒七年吳淞鐵路拆運至台灣的鐵路材料〔註 71〕。

　　鐵路的興建工程自光緒十三年二月開始，所用工程師全係西洋人，最初由德籍工程師碧加（Becker）之技術監督下動工，因洋工程師不能直接指揮軍工（洋工程師是僱傭性質，權力甚小），而軍工統帥余得昌又任意拒受碧加之技術建議，因為軍工富有排外心理，不服洋工程師的調遣，也不服從洋工程師的計劃，弄得工程方面弊端百出〔註 72〕。洋工程師和這班人嘔氣不過，在最初二年，碧加之外還有坎麥爾（G. Murray Campbell）、瑪體蓀（H. C. Matheson 與煤礦有關）、哥特瑞（H. E. P. Gottrell 與中國北部鐵路局有關係）、瓦特遜（W. Watson）五位工程師先後參與工作〔註 73〕。劉銘傳原先預計在二、三年內完成基隆到彰化的鐵路，但基隆到台北的第一段工程到光緒十七年十月竣工後通車，十七年十二月，築過海山口而達龜崙嶺桃園一帶，十八年，築過中壢，十九年，築過大湖口，而達新竹。鐵路築到新竹後，繼任巡撫邵友濂於光緒二十年正月奏請停工〔註 74〕。

　　清末台灣鐵路各站如下表：

〔註 69〕Ibid.

〔註 70〕連雅堂，《台灣通史》，卷十九，郵傳志，頁 597。（古亭書屋，民國 62 年 6 月 15 日影印本）。

〔註 71〕台灣總督府鐵道部：《台灣鐵道史》第一部，東京，1910 年，頁 61。

〔註 72〕吳鐸：前文，頁 170。

〔註 73〕Samuel C. Chu, "Liu Ming Ch'uan and Modernization of Taiwan", op. cit., P.49.

〔註 74〕台灣銀行經濟研究室編印：《清季台灣洋務史料》，台灣文獻叢刊第二七八種，「台灣巡撫邵友濂奏報台灣鐵路俟至新竹暫作停頓片」（光緒十八年十一月二十二日），頁 95～96。

清末台灣鐵路車站一覽　　哩程單位：1 哩=80 鏈或鎖（Chain），1 鏈=20 公尺

車站名稱	哩程（基隆港起）
雞籠	45 鏈
八堵	3 哩 75 鏈
水返腳	9 哩 4 鏈
南港	12 哩 35 鏈
錫口	18 哩 13 鏈
台北（第一代台北車站）	19 哩 26 鏈
大橋頭	21 哩 16 鏈
海山口	25 哩
打類坑	28 哩 6 鏈
龜崙嶺	31 哩
桃仔園	36 哩 76 鏈
中壢	41 哩 34 鏈
頭重溪	47 哩 70 鏈
大湖口	53 哩 40 鏈
鳳山崎	58 哩 28 鏈
新竹	62 哩 9 鏈

資料來源：維基百科，臺灣鐵路（清朝），作者查詢，日期 2020 年 11 月 30 日。

　　清末台灣鐵路在劉銘傳的熱心推行下，在 1893 年時已築有六十二哩（約一〇〇公里），這條鐵路的特色為我國第一條官辦鐵路〔註75〕，第二是全由國人自建自辦的鐵路，完全不受任何外力的控制，洋務運動中，強調西洋技術的攫取，模仿在台灣有相當程度的成就。

　　在劉銘傳興建台灣鐵路期間，光緒十四年冬，京師為津通鐵路的興建問題發生爭議，是年十二月初八日（1889.1.9），守舊派中御史余聯沅奏修鐵路五大害，十八日（1.19），御史屠守仁、吳兆泰會奏反對在京師附近修鐵路，御史徐會灃、王文錦、李培元、曹鴻勳、王仁堪、高釗也會奏請停津通，二十日（1.22）尚書翁同龢（帝師），孫家鼎會奏：鐵路可試行邊地，不可遽行腹地，宜暫緩津通，禮部尚書奎潤與九卿講官等二十三人會奏，請停辦鐵路，

〔註75〕吳鐸：前文，頁 181。

其他還有倉場侍郎游百川，內閣學士文治，大學士恩承、尚書徐桐、侍郎孫毓汶都反對京師修造鐵路，這次可說是反對洋務運動鐵路建造的重大政治事件〔註 76〕。劉銘傳在光緒十五年二月八日上奏，不顧守舊派反對，極力主張「鐵路建至京師，方為盡善」〔註 77〕，並力辯保守派反對修鐵路之理由：資敵、擾民、失業三條，最後特別強調他在台灣「明知山路崎嶇，溪流梗阻，鑿山開道，築路建橋，費鉅工艱，視內地且將倍蓰，所為不辭勞怨，毅然獨行者，良以台疆千里，四面濱海，防不勝防，鐵路一成，即骨節靈通，首尾呼應。此中利害，自非身親大難，未易決其深微」〔註 78〕劉銘傳認為當時在台灣建造鐵路「費鉅工艱，視內地且將倍蓰」，但仍然不辭勞怨，毅然獨行，致頗有成果。由此可見，台灣鐵路在近代中國社會經濟史上，有其特殊的歷史意義。

二、電線

光緒三年十月丁日昌完成安平──台南，台南──鳳山（同地之旗後）間二線計九十華里。前面已說明過，這二條電線完全不借外國人之手，由中國人自己，在福建船政電報學堂學生蘇汝灼等進行下完成的〔註 79〕。從這種既有的洋務成果而言，劉銘傳在台的電線建設，基本上是初期洋務運動的延續，「劉銘傳在台期間所進行的現代計劃中，電線是唯一沒有請示清廷的一項計劃」〔註 80〕。因為電線的建設，是前期洋務運動的延續，因此在經驗上也借重光緒三年架設上述二線的蘇汝灼〔註 81〕。但是這次電線的架設，除旱線由中國架設外，水線由洋商承辦〔註 82〕，就洋務運動在技術的攫取與模仿以

〔註 76〕李國祁：前書，頁 74～85。

〔註 77〕劉銘傳：前書，「覆陳津通鐵路利害摺」（光緒十五年二月八日），頁 124～129。

〔註 78〕同上。

〔註 79〕參閱本論文第三章第二節。
黃嘉謨：〈中國電線的創建〉，《大陸雜誌》，第 36 卷，第 6、7 合刊，中華民國 57 年 4 月 15 日，頁 171～187。

〔註 80〕Speidel, W. M., op. cit., P. 339.

〔註 81〕馮用輯：《劉銘傳撫台前後檔案》，台灣銀行經濟研究室編印，台灣文獻叢刊第二七六種，頁 87。
又據《海防檔（丁）電線（中）》，頁 1303 第 838 號文：「適台南電報局委員船政學生候選縣丞蘇汝灼請假來北，並邀會同估計……」

〔註 82〕劉銘傳：前書，頁 258。

電線一項而言，是否後期洋務運動過於依賴外國技術呢？因為光緒三年丁日昌在意識上，在實際上都達到了以國人之手架設電線〔註83〕，為何劉銘傳在意識上、在實際上沒有完全擺脫「依賴外國」之事呢？這是個值得吟味的問題。

　　第一、這次架設工程規模大，包括水陸二線，工程也較複雜，而電線「實為目前萬不可緩之急圖」〔註84〕，由洋商承辦，洋商可以獲利，又電線架成後有利商務等，洋商自然會在最短的時間內架設完成。

　　第二、最主要的原因是：架設電線須要相當經費，「台費奇絀，鉅款難籌」〔註85〕，但洋行願意承受分期付款的方式。陸線經費，約計須三萬兩（新設陸線價二六、六八八兩，加給蘇汝灼所開添補各器一、六五〇兩，運費保險費等一、六〇〇餘兩），訂約時在「福州交銀一萬兩，餘俟六個月電線機器運到之日，再行找給二萬兩」〔註86〕。尤其是水線價昂，約計須二十二萬兩（電線價銀十萬兩，輪船價銀九萬兩，修理電線機器價銀一萬兩，測量機器一副、三局電報機器並包運、包放、工價、保險等費共銀二萬兩）。因為「台灣經費支絀，一時難籌鉅款，……如能分三年歸還，即可成交」〔註87〕，泰來、瑞生皆不承應，惟怡和願辦，其付款條件為「立約之日先交四萬兩，餘俟輪船水線到台安放沈妥，再交六萬兩，尚有十二萬兩，自水線安妥之日起，分作兩年勻還，不貼利息」〔註88〕。這種付款條件，一方面在短期間內

〔註83〕台灣銀行經濟研究室編印：《清季台灣洋務史料》，台灣文獻叢刊第二七八種，頁 27。

　　　丁日昌說：「目前暫不僱用洋人；倘於理有窒礙難通之處，即繙譯泰西電報全書以窮奧妙，或隨時短僱洋工一、二人以資參核。中國之言工也，儒者窮其理，匠人習其事；故理與器兩不相謀，形上與形下終難一貫。今惟因器窮理，即理成器，庶幾『格致』之學漸有端倪」。這足以說明丁日昌在意識上認為，洋務運動固然要從事建設，洋務技術、方法、原理的學習，更應從實際經驗中獲得，所以不依賴洋人。

〔註84〕劉銘傳：前書，頁 256。

〔註85〕同上，頁 257。

〔註86〕《海防檔（丁）電線（中）》，中央研究院近代史研究所編，第 838 號文，光緒十二年六月十七日（1886.7.18）「總署收福建巡撫劉銘傳文附合同——擬妥德商李德代辦器材安設基隆滬尾至安平間陸路電線」，頁 1303～1304。

〔註87〕同上，第 850 號文，光緒十二年九月十五日（1886.10.12）「總署收軍機處交出劉銘傳抄摺——台灣購辦安平澎廈水線及基隆安平陸線以速文報」，頁 1325～1326。

〔註88〕同上，第 851 號文，光緒十二年九月十八日（1886.10.15）「總署收福建巡撫劉銘傳文附合同——咨送奏報台灣購辦水陸電線摺稿及船圖合同」，頁 1328。

水陸電線可以架設完成，一方面可以配合劉銘傳的財政調度。這是劉銘傳何以沒有承襲丁日昌前期，在電線架設一項完全不依賴洋人的原因〔註89〕。因此，就此項建設言，劉銘傳創設了：主權操之在我，不借外債，以分期付款方式，靈活利用了外資（二年歸還，不付利息），從事資本主義化基礎事業之建設。

關於電線的架設，陸線方面，光緒十二年春，「適有上海德國泰來洋行李德到台，面呈陸路電線所需機器料件價銀清摺，願代承辦」〔註90〕，劉銘傳派李彤恩與之交涉，並請李德到台北電報總局商議，經過一番商討後，於光緒十二年五月二十五日（1886.6.26）簽訂合同〔註91〕如下：

> 計由滬尾、基隆兩海口至安平，以華里八百里為率，中設電局五處，共需價銀規平三萬兩。立約之日先交給銀一萬兩，電線到齊，找還銀二萬兩，所有應辦物件細數，另列清單之內，惟電桿所用木料及安電工作，一切概由中國自辦。自立合同之日起，限六個月將電線物件包運至滬尾口交御所有運費保險一切，均由李德發給。若機器物件照約依期運到中國，不得退還異說，倘李德不照合同，有遲誤短少，致中國難以應期興工，李德願罰銀二千兩〔註92〕。

洋商李德聲稱「此次代辦電線，原屬急公效勞，非敢希圖中飽」〔註93〕。又「此次議設陸路電線。為國家有益起見。所有議價一切，均由欽差爵撫憲與

〔註89〕丁日昌於光緒三年八月至十月間架設安平——台南，台南——鳳山間二線電線，為何特別要以國人之手自行架設呢，有其時代背景：同治末年，西洋列強已擅自在中國沿海、內河以至陸上設立電線（丹商大北公司）。同治十三年，日軍犯台的事件，沈葆楨上奏閩台設立電線，清廷乃改變一向禁止在中國境內設立電線的政策，決定設立閩台電線，大北公司趁此時機，修建了福建至羅星塔（馬尾）電線，後又要求架設福州至廈門陸路電線，正進行辦線時，俄國也向總署要求在中國設線，總署為杜俄國要求，飭福州官員將陸路電線收回官辦，而引起福建設線糾紛（福廈電線糾紛），直到丁日昌為福建巡撫才解決這項糾紛，條件之一是大北公司派恆寧臣（J. Henningson 該公司代表）教習中國學童，為期一年，丁日昌乃於光緒二年三月十日（1876.4.8）開設學堂，學童四十名。希望一年後養成電線技術人才，自行設立電線（參閱黃嘉謨：前文，頁171～187）。

〔註90〕《海防檔（丁）電線（中）》，中央研究院近代史研究所編，第838號文，同註86片，頁1303。

〔註91〕同上，頁1306。

〔註92〕同上，頁1304。

〔註93〕同上。

李德當面議定，所有局中繙繹通事丁胥人等，不敢勒索花紅規例」〔註94〕。
由此當可明瞭劉銘傳專心致力台灣洋務建設之一斑，並極力防止行政官僚從
中勒索。因為「電桿所用木料及安電工作，一切概由中國自辦」，即「應需木
料並工作一切不在合約之內，由中國自理」。因此劉銘傳要求「倘將來興工要
用洋將幫同工作，李德當選派精熟電務洋匠一名來台，每月另給薪水、火食
銀二百兩，轎價在外」〔註95〕。陸線的安裝，仍由中國之手經營，承襲了前
期洋務的經驗。

按照合同約定，光緒十三年正月開始安設陸線，但到三月，基隆、滬尾
合至台北兩線才動工，十一月由台南接辦陸線，取道彰化，迤邐北上，十四
年二月初一日（1888.3.13）與台北之基隆、滬尾兩線接通〔註96〕。

水線方面，許多洋商來台交涉，願意承辦，但中國只有大東北公司修理
電線輪船一隻，劉銘傳乃認為「仍照沈葆楨前議，歸大東北公司承辦」，派
李彤恩赴上海與該公司面議，結果為「由廈門至澎湖，以達安平，約共五百
里，索價銀十五萬五千兩，包修三年，需費三萬，以後遇有損斷，雇令該輪
船修理，每日需費銀五百兩，與沈葆楨原定合同大略相同，均須交付現銀」
〔註97〕。李彤恩認為「該公司開價太多，置不與議」，乃會同已革廣東試用
道員張鴻祿諮訪各洋行，請他們各行開價，併約同各洋行來台商議。此時，
瑞生洋行建議：

> 自造鋼殼四鐵葉輪船一隻，由外洋裝線運至中國，并自購修理機器
> 一副，長三百二英呎，闊三十二英尺，可以安砲六尊。俟電線安妥
> 後，平時可以載貨裝兵巡洋。遇有電線損斷，隨時自行修理，一舉
> 而數善備，以免大東北公司居奇〔註98〕。

於是洋商根據劉銘傳加購一輪船的計劃，開出價錢，其中怡和、泰來、瑞生
三洋行開價較廉，即：

> 電線價銀十萬兩，輪船價銀九萬兩，修理電線機器價銀一萬兩，測
> 量機器一副，三局電報機器之具，並包運、包放工價、包險等費，

〔註94〕同上，頁1306。
〔註95〕同上，頁1305。
〔註96〕劉銘傳：前書，頁258～259。
〔註97〕同上，「購辦水陸電線摺」（光緒十二年八月二十八日），頁256～257。
〔註98〕同上。

共銀二萬兩，總共價銀二十二萬兩〔註99〕。

因為台省「經費奇絀，鉅款難籌」的關係，劉銘傳又開出另外的條件：「當議三年歸還，即可成議」，經面議的結果，怡和洋行願意承辦，於光緒十二年八月初三日（1886.9.20），由李彤恩與上海怡和英商施本思簽訂合同。〔註100〕

線路約定由「安平至澎湖轉達廈門，計共海里一百五十里」。海線的施工，由英商怡和洋行負責安放，「電線機器到華，由怡和行僱用司理放線工師三二人到華包放水線，每月應給薪水及工竣資送回國，統由怡和行給發，惟應由工師一人，在台三年，令其教習學生修線之事」，而「在安平、澎湖、廈門三處，應設電報局三所、其局所應由中國自行建造」〔註101〕。按約光緒十三年六月開始進行，同年八月，飛捷水線輪船到台，方才開始安放。但海線線路有所改變，「因海線取道廈門，海程不便，改由台北滬尾達福州之川石，海程較多五、六十里，復經勘議，加購水線價銀五千兩」〔註102〕。先從川石至滬尾安放水線，又至澎湖放線，抵台南之安平口，在光緒十三年內水線全部安妥，比陸線早了幾個月。

光緒十四年二月初一日全台電線完工，計「水陸設線，一千四百餘里，分設川石、彰化、滬尾、澎湖、安平水線房四所，除台南、安平、旗后原設報局三處外，添設澎湖、彰化、台北、滬尾、基隆報局五處」〔註103〕，共計花費二十八萬七千兩。當時電線分佈圖大略如下：

〔註99〕同上。

〔註100〕同上。

〔註101〕台灣銀行經濟研究室編印：《台灣海防檔》第二冊，台灣文獻叢刊第一一〇種，「福建巡撫劉銘傳咨呈台灣購辦水陸電線摺稿並船圖合同」，頁1070（原件見海防檔（丁）電線（中），頁1328）。

〔註102〕劉銘傳：前書，「台灣水陸電線告成援案請獎摺」（光緒十四年五月初五），頁258～259。

〔註103〕同上。

圖 5-1　清末台灣電線分佈圖

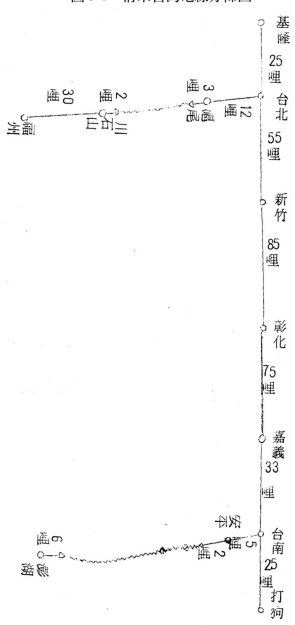

※ 來源：臨時台灣舊慣調查第二部，調查經濟報告下卷，頁 34。（台北—新竹間原
　　文為 35 哩，應為錯誤，修正為 55 哩）

※ 參見周憲文著《清代台灣經濟史》，台灣銀行經濟室編印，台灣研究叢刊第四五種，
　　民國 46 年 3 月，頁 68。

線　　路	線　　長	架設之年	電報局
安平、打狗間	三十哩	光緒三年九月	安平、台南、打狗
淡水、川石山間	一一七哩	光緒十三年十月	淡水
安平、澎湖島間	五三哩	光緒十三年十月	澎湖島
台南、台北間	二四八哩	光緒十四年三月	台南、嘉義、彰化、新竹、台北
台北、基隆間	二十五哩	光緒十四年三月	基隆

資料來源：臨時台灣舊慣調查會第二部調查經濟資料報告下卷，頁34～35。（原資料台南、台北、基隆間修正為台南、台北間，台北、基隆間）

　　水陸電線的經費，以當時台灣省的財政能力實無著落，劉銘傳與沈應奎反復籌議結果，有以下的決定：

> 只有百貨釐金項下可以撥支，但本年六月，甫經開辦，每月收數銀不足四千兩，三年之內，能否相償，尚無把握。台地安設電報，於茶商最為得益，彤恩現與商人議定，如三年內整釐金收數不敷，電價由商捐助〔註104〕。

由此我們更看出，劉銘傳在台灣經營洋務，實在極用苦心。光緒十二年四月，將船貨釐金停止，改征百貨釐金（遭受列強各國強烈的干涉），這種財政改革政策，目的是支持他的洋務經營，電線經費，即依靠此財源。如果三年內百貨釐金無法償還電線經費，茶商等願意捐助，於此，我們再度發現清末台灣洋務運動的進行，固然是清廷對資本主義列強侵略台灣的對應策，而台灣內部的經濟發展也達到要求政治力量從事基本社會事業投資的時候，「台地安設電線，於茶商最為得益」〔註105〕，可以說明台灣的社會經濟結構正面臨一種轉變的形態，對於推動轉變社會、經濟形態的洋務運動，商人當然樂意支持，甚至捐錢從事建設。

　　百貨釐金支持電線經費的情形如表5-2〔註106〕：

〔註104〕同上，「購辦水陸電線摺」（光緒十二年八月廿八日），頁258。
〔註105〕同上。
〔註106〕羅玉東著：《中國釐金史》，上冊，頁338～339。

表 5-2　釐金支付電線經費情形表

單位：兩

項目 年次	百貨釐金全年收入	水陸電線工程費
光緒 12 年※	24,748	21,644
光緒 13 年	79,527	71,574
14 年	89,113	80,201
15 年	82,507	74,256
16 年	93,160	57,282
合計	369,055	304,957※

※ 缺半年收支數，從光緒 12 年 6 月開征百貨釐金

※ 建成電線經費為 287,000 兩，本表支付了 304957 兩，多出 17,957 兩，作者推想此
　多出的費用，可能作為修護等費用。

資料來源：羅玉東，《中國釐金史》，頁 339。

　　怡和公司在安放水線完畢，將飛捷號輪船交給劉銘傳後，英國人驕傲地
說台灣已經進入世界電報溝通系統〔註 107〕。雖然新的電報系統經常需要修
理，不管是民眾破壞，或是其他自然的因素，但是電線的確提供許多的功用。

　　第一、政治上的作用：台灣與中央政府有了直接的聯絡，特別是與北洋
大臣李鴻章有更密切的關係，縮短了台灣當局與清廷之間的溝通距離，清廷
對台灣的控制也由此加強。試舉一例：劉銘傳抽收洋釐事件，與中央交涉的
處理過程〔註 108〕：

光緒十四年二月二十五日西刻譯署電請李鴻章轉電台撫，停止抽收洋釐。
光緒十四年二月二十六日戌刻　劉銘傳覆電。
光緒十四年二月二十八日亥刻　李鴻章轉總署之電給劉銘傳。
光緒十四年三月一日未刻　劉銘傳電覆李鴻章轉總署。
光緒十四年三月二日申刻　李鴻章轉總署電給劉銘傳。
光緒十四年三月四日申刻　台撫劉銘傳電李鴻章。
光緒十四年三月五日巳刻　台撫劉銘傳轉李鴻章轉總署。
光緒十四年三月九日申刻　總署電李鴻章電劉銘傳。

〔註 107〕Speidel, W. M. op. cit., P. 341.
〔註 108〕詳見李鴻章：《李文忠公選集》，台灣銀行經濟研究室編印，台灣文獻叢刊第
　　　　　一三一種，頁 581～584。

　　光緒十四年三月十一日亥刻　劉銘傳電李鴻章轉總署。

可見透過電線中央與台灣當局可以迅速聯絡，無形中縮短了台灣地方當局與中央的距離。

　　第二、國防上的作用：光緒十四年彰化施九緞造反，案發後，以電線聯絡巡撫劉銘傳，劉銘傳派林朝棟迅速趕回彰化鎮壓，劉銘傳也透過電線調兵圍剿。因為電線作為調兵的指揮系統，電線乃遭毀〔註109〕。同年埤南番變，也經由電線的聯絡，請李鴻章派北洋水師提督丁汝昌率致遠、靖遠兩兵輪助剿〔註110〕。電線對劉銘傳控制台灣內部，有很大的貢獻。

　　第三、經濟上的作用：在 1887 年以前，台灣茶葉的出口，因台灣本身缺少良港，電報及設備不充足的情況下遂借重廈門出口，台灣茶葉的發展無異為廈門之一分支〔註111〕。有了電報以後，可以直接與世界茶市場聯絡，及至鐵路的興建，連接天良的港口──基隆（1893），有助於收善台茶的出口貿易。1888 年南部有了電報，使南部糖貿易更能與國際市場連繫，也不致給外人從中取利〔註112〕。因為電報系統，能夠提供在紐約、橫濱和中國大陸沿岸的最新市場價格情報，減少了茶商、糖商、鴉片商等之投機取利。

　　但是，台灣電線在台灣割讓後，卻成為日本征服台灣非常便利的聯絡工具。明治三十二年二月出版台灣紀要的作者村上玉吉說：「台灣電線，給予我國征台軍非常的便利」〔註113〕，日本人據台以後，充分的利用了劉銘傳洋務運動的成果，從此亦可得窺見其一斑。

三、航運事業

　　台灣孤懸海外，四面皆海，與大陸內地溝通與聯繫完全依賴輪船，即使島內溝通與聯繫，也得依賴船隻，尤其是與東部往來，更非得依賴船隻不可；在對外商務上，也唯輪船是賴。就洋務官員立場，為保持洋務運動之成果，必須有效地鞏固台灣，而輪船、戰艦是最重要的軍事裝備。台灣初期洋務運

〔註109〕劉銘傳：前書，「彰匪圍城劫館派兵剿平摺」（光緒十四年九月二十四日），頁 402。

〔註110〕同上，「攻克後山叛番並北路獲勝請獎官紳摺」（光緒十四年九月初二日），頁 225。

〔註111〕林滿紅：《茶、糖、樟腦業與晚清台灣》，台灣銀行經濟研究室編印，台灣文獻叢刊第一一五種，中華民國 67 年 5 月出版，頁 63。

〔註112〕同上，頁 58。

〔註113〕村上玉吉：《台灣紀要》，東京，警眼社，明治三十二年二月出版，頁 214。

動時，丁日昌曾經設想在澎湖建立鐵甲艦隊，後因經費問題，南北洋勢力之爭與官僚的推諉、無能，使得南洋鐵甲艦隊的構想胎死腹中〔註114〕。

中法戰爭前，航行於台灣海峽之官辦輪船有四艘，其中運輸船二艘，即永保與琛航（由福州船廠分別於 1873 年及 1874 年造成），自 1881 年起航行於安平、廈門、基隆、福州之間。另二艘是萬年青與伏波西船（亦福州造船廠分別於 1869 年及 1871 年所造），航行於台滬間〔註115〕。中法戰爭期間，永保與琛航調遣不明，僅知不再為劉銘傳所用〔註116〕，劉銘傳只有接用萬年青、伏波西船，但已是「費重行緩，年久無用」〔註117〕。

1884 年中法戰爭期間，劉銘傳曾與清廷不通信息長達四個月之久〔註118〕，這是台灣「無兵輪則聲息俱絕」的慘痛教訓。戰時之危機，使劉銘傳急於擁有戰船，光緒十一年五月乃上「請撥兵商各輪船片」，希望「南北洋分撥快船三隻，福建船政速撥貨船二隻，到台備用」，上諭以「台灣所需各船，能否照數撥往，請著李鴻章、曾國荃、斐薩森，奏明辦理」〔註119〕，七月初二日李鴻章上奏「快船難撥赴台片」，說「北洋僅有超勇、揚威快船二隻，……朝鮮……事極關緊要，已飭統領水師丁汝昌派該兩船輪替赴朝鮮之仁川口，暫駐梭巡，稍作聲援，無可另派赴台」。李鴻章反建議南洋方面的船政局，離台灣較近，「新成橫海一船，或尚可派往運用」〔註120〕。光緒十二年正月十二日，劉銘傳再度電請李鴻章「由南、北洋撥二隻借用」，並期望海軍衙門施用壓力命令南北洋撥派〔註121〕，結果李鴻章答應撥海鏡一船，南洋大

〔註114〕參閱本論文第三章第二節。

呂實強：〈丁日昌與洋務運動〉，《中央研究院近代史研究所專刊（30）》，南港，中央研究院近代史研究院出版，中華民國 61 年 12 月初版，頁 311〜316。

〔註115〕劉銘傳：前書，「請飭南洋遣回四輪片」，劉銘傳說：「現往來台南北之船……永保、琛航在台北專裝煤貨；萬年青、伏波兩兵輪專任台南」（同上）。

〔註116〕劉銘傳：前書，頁 168。光緒十年六月十六日「敵陷基隆礮台我軍復破敵營獲勝摺」，劉銘傳奏道：「請將永保、琛航兩官船撥台應急。奈閩口音訊，隔絕兼旬」可見兩船調遣不明。

朱昌陵：前文，頁 4。

〔註117〕劉銘傳：前書，「請撥兵商各輪船片」（光緒十一年五月），頁 251〜252。

〔註118〕同上，「設防略序五」（陳澹然作），頁 23。

〔註119〕同上，頁 252。

〔註120〕李鴻章：《李文忠公選集》第四冊，台灣銀行經濟研究室編印，台灣文獻叢刊第一三一種，頁 525。

〔註121〕同上，頁 533。

臣曾國荃答應撥派靖遠一船，赴澎（湖）應用〔註 122〕。靖遠輪事實上「不能至澎湖聽差」〔註 123〕，只有海鏡兵船，專供澎湖差遣〔註 124〕。不論北洋派或南洋派官僚，為了擁有本身的船隻，鞏固本身的力量，都不願意撥派船隻給劉銘傳。從此，劉銘傳乃改變態度，不再期待其他省級官憲撥交他們視為珍寶的戰船，亦不期待清廷能施加壓力命令他們供給；同時劉銘傳不願讓外國商船完全自由地載運貨物出入台灣，乃捨戰船而專致力於獲得運輸船隻〔註 125〕。

　　劉銘傳改變航運經營的目標，注意運輸航業，實在有其重要背景。表 5-3 是晚清台灣三大出口物中茶、樟腦的出口中外船隻運輸情形：

表 5-3　茶、樟腦出口中外船隻運輸量　　　　　　　　　　　單位：擔

出口物 船別 年代	茶		樟　腦		資料來源
	本國戎克船	外船	本國戎克船	外船	
1871	858	14,868	5,962	9,691	海關報告 1869～1872 淡水部份 P162
1872	1,309	19,513	3,864	10,282	海關報告 1869～1872 淡水部份 P162
1874	5,052	24,610	—	—	海關報告 1874 淡水部份 P126

〔註 122〕同上，頁 533～534。
〔註 123〕同上，頁 534。
〔註 124〕劉銘傳：前書，頁 253。
〔註 125〕Speidel, William M., op. cit., P. 342.
　　　　　光緒十二年七月初，訂購英、德所造鋼面鐵甲船四隻，奉旨備台、澎用，光緒十三年十一月船到閩，劉銘傳也不願再爭取，蓋「台、澎現尚無事，難遽分撥，以致散漫零星，操法號令參差不齊」（《李文忠公選集》，第四冊，頁549、525）。
　　　　　雖然是放棄爭取戰船，但光緒十四年埤南番變，因台灣缺乏戰船，無法在短時間內鎮壓，致張兆連受困，埤南數百家被焚殺，劉銘傳又抱怨：「上年船成回國，聞經海軍衙門奏歸北洋訓練，臣因台灣經費支絀，既無養船之資，又乏管駕之材，猥以台境粗安，未便瀆請。此次埤南變起倉猝，若得台南北各有兵船一隻，立時馳往，不獨張兆連不致受困，且免埤南數百家焚殺之傷」。這次的教訓，劉銘傳請求清廷「俯念台灣孤懸海外，非船不行，飭令海軍衙門的撥次等稍快兵船兩隻……專備台、澎防患巡口之用」（劉銘傳：前書，頁 254）

| 1875 | 8,210 | 41,573 | 4,370 | 7,139 | 海關報告 1875 淡水部份 P213 |
| 1876 | 3,950 | 58,877 | 1,830 | 8,795 | 海關報告 1876 淡水部份 P91 |

　　由上項資料可以了解北部茶、樟腦的出口運輸幾乎完全掌握在外國航運業中。南部糖的運輸也是以外船為主，如 1888 年打狗海關報告記載：「1888年是繼 1886 年課釐之後，戎克船載運量較多的一年，但該年所產的 770,000擔的糖中，有 622,551 擔由外船載運；只有 37,000 擔台灣府、鹿港、笨港之戎克船載運出口」〔註 126〕。

　　要和外國航運業競爭必須發展台灣的航運，而且台灣建省辦理礮台、城署各工，需運載木料磚瓦，還有開發基隆煤礦也須要輪船；這些因素使劉銘傳積極發展航運。就促使台灣資本主義化而言，航運的發展也是很重要的條件。

　　光緒十一年五月，劉銘傳為解決台灣航運問題，曾在上海暫雇威斯麥輪船，每月船價洋幣一、四〇〇元，同十一年九月底，威斯麥船不再受雇，劉銘傳乃請上海道龔照瑗覓購威利輪船（原名 Waverley），價三、八〇〇兩，十月中威利來台聽差〔註 127〕。此時台灣共有輪船四隻，即萬年青、伏波、威利、海鏡兵船〔註 128〕。

〔註 126〕林滿紅：前書，頁 61～63。

〔註 127〕劉銘傳：前書，頁 252。

又《台灣海防檔（下）》（台銀本），頁 87 載：「威利」輪船奉劉爵撫憲出價收買，赴台聽差，於十月二十五日換桂龍旗。

另威利船購買來台，由商船改為官輪，光緒十二年二月九日，南洋大臣曾國荃乃呈文總理衙門，主張「威利」等商船改為官輪，與兵輪有別，應按商船例章，受總理衙門管束（總署給官用牌照），並應驗關與完稅。劉銘傳於十二年二月十八日呈文總署，要求「威利」官輪順搭客貨，請援照「永保」、「琛航」兩船成案，免由洋關查驗，但是總理衙門於二月二十四日咨復劉銘傳時，認為「威利」官輪順搭客貨仍應驗關完稅（台灣海防檔（下），頁 87～91）。

此事顯露曾國荃與劉銘傳間有相當的爭執（朱昌陵：前文，頁 4～5）；因此，當「威利」輪於船價付清後，劉銘傳乾脆上奏「留作台灣商船」（劉銘傳：前書，頁 253）。

〔註 128〕從前面的討論得知在光緒十三年以前，台灣僅有四部輪船；連橫，《台灣通史》，郵傳志：「十一年，巡撫劉銘傳以飛捷、威利、萬年青航行於台灣及中國各港」（大正九年十二月發行，台灣通史社版，中冊，頁 604），顯係有誤，飛捷（光緒十三年八月才到台灣），因此，應將「飛捷」改為伏波才為正確。

光緒十二年十二月二十七日（1887.2.19）萬年青號在靠近上海銅沙海面被英來申公司你泊爾船撞沉（Napaul P & Steamer），雖然劉銘傳在控訴後取得補償，但損失慘重〔註129〕。光緒十三年二月，伏波輪水缸損壞，在馬尾廠修理；同年五月，劉銘傳鑑於實際需要，又購買德國會刺輪船一艘，出價二六、○○○餘兩，命名「威定」號；同年八月，向怡和洋行訂購的電線船「飛捷」到台灣。此時台灣有了五艘輪船，即伏波、海鏡、威利、威定、飛捷。但是，1887年9月13日威利號，1887年10月11日威定號都在澎湖附近海面相繼沉失〔註130〕。劉銘傳苦心經營的官辦航運，在連續的船難事件下，遭受嚴重的打擊，但是劉銘傳仍然設法補救，企圖振興台灣航運。

劉銘傳為實際推動台灣商務與航運，於分省之際，派遣革職道員張鴻祿，候補知府李彤恩等為南洋商務委員，考察商務，於新加坡設立招商局，以利吸收僑資〔註131〕。回台後，根據報告，於光緒十三年六月，改原通商局為台灣商務總局，開辦南洋通航〔註132〕。台灣商務總局仿上海招商局，民資四十萬元，官方補助十萬元，合計五十萬元。關於民資部份，「乃來自當地

同樣的錯誤有：調查經濟資料下卷（臨時台灣舊慣調查會第二部：「光緒十一年，劉銘傳任台灣巡撫，當時，往來台灣之官輪有六：威利、威定、萬年青、伏波、海鏡、飛捷」。張勝彥：〈清代台灣省について〉，「光緒十一年，『飛捷』、『威利』、『萬年青』という船を台灣と大陸沿海岸の各港間に航行せしあた」。（東洋史研究，第34卷，第3號，昭和五十年十二月發行，頁28）。調查經濟資料之錯誤比連氏更大，張文之錯誤則來自連文。

〔註129〕李鴻章：《李文忠公選集》第四冊，台灣銀行經濟研究室編印，台灣文獻叢刊第一三一種，頁543。

王彥威等輯：《清季外交史料》，卷67，頁37（文海出版社）。

關於撞船事件發生的日期，據清季外交史料之記載：光緒十二年十二月三十日，滬道龔照瑗致總署萬年青輪船在吳淞被美船撞沉請議賠電：「台灣萬年青輪船廿七日早在吳淞口外銅沙被美公司船撞沉，殘員弁七十餘」，按十二月二十七日為西元1887.1.2。朱昌陵先生將事件發生日期誤為1886年11月22日之晚上（Samuel C. Chu, loc. cit., P. 45）。根據《清季外交史料》記載，此一事件最初之報告，以為美船所造成；但到了光緒十三年正月初五（1887.1.28）劉銘傳已得到正確的資料，為英國來申公司你泊爾船撞沉（《李文忠公全集》記載）。

又史料中並沒有明示英國公司是否全部償付損失。

〔註130〕劉銘傳：前書，頁254。

〔註131〕連雅堂：《台灣通史》，郵傳志，頁604。（中華民國62年6月15日，古亭書屋影印本）。

〔註132〕伊能嘉矩：《台灣文化志》，中卷，頁238。

茶商，因為他們企圖尋找一收費較廉之運輸機構，以便載運產品」〔註133〕。

　　為了增加有用的船隻，劉銘傳在光緒十三年春，即與洋行有所接觸，希望訂購商船，後由旗昌洋行負責提供〔註134〕。光緒十四年，劉銘傳乃為商務局購買快船兩隻，駕時與斯美到台。關於這兩隻快船的經費來源，據劉銘傳在光緒十三年三月二十日擬修鐵路創辦商務摺中曾說：「革道等（張鴻祿、李彤恩）現已集股，訂購輪船二隻」〔註135〕，光緒十四年十月十六日台路改歸官辦摺，曾說：「查李彤恩等招集商股一百萬，其時創議，皆以鐵路利厚，兩月間招股七十萬金，現金三十餘萬。復經各商議購快船兩隻，價銀三十六萬兩，以補鐵路之不足」〔註136〕。由此可見，此二快船的經費，是挪用鐵路民間資本之現金三十餘萬部份。因此，光緒十四年十一月，當鐵路改歸官辦時，民間資本現金三十餘萬部份，則以「快船兩隻作抵」〔註137〕。又此項民間資本，根據「光緒十五年五月初八台灣撫院咨北洋大臣」中記載：

> 案查台灣商務局前經招集商股銀三十三萬兩，係台灣林紳認招三分之一（計銀十一萬兩），招商局盛道認招三分之一（計銀二十二萬兩），購造「斯美」、「駕時」快輪船兩號〔註138〕。

另外招商局搭股二萬，盛道自搭一萬〔註139〕。購買駕時、斯美兩船，劉銘傳在財力上固然必須依靠盛宣懷的支持，但盛宣懷未嘗不以擴張招商局在台灣的航業利益為主要目的。更重要的是，招商局的有力支持者為李鴻章，招商局投資駕時、斯美兩船，也是李鴻章的勢力的擴大〔註140〕。

〔註133〕臨時台灣舊慣調查會，《第二部調查經濟資料報告》，頁330。

〔註134〕Speidel William M., op. cit., P. 343.

〔註135〕劉銘傳：前書，頁268。

〔註136〕同上，頁274。

〔註137〕同上，頁274。

〔註138〕台灣銀行經濟研究室編印：《台灣海防檔》，第二冊，，台灣文獻叢刊第一一〇種，頁158。
　　　　按駕時、斯美兩船共價三十六萬兩，但海防檔記載二船共價三十三萬兩（同上，頁152、158、159）。若不是錯誤的數字，即是純商股投資部份。

〔註139〕李鴻章：《李文忠公全集》，電稿，卷十，頁20（台北文海出版社影印）。如將前註所提示之三十三萬（商股部份），加上招商局搭股二萬，盛宣懷自搭一萬，合計三十六萬兩，則與船價三十六萬相符。

〔註140〕參閱朱昌陵：前文，頁5。

　　然而劉銘傳與李鴻章間，因為駕時、斯美兩船的航線而起了嚴重的衝突，這衝突並未因招商局也投資此兩船而消除〔註141〕。劉銘傳計劃的航線是北到天津，沿著大陸海岸，長江沿岸，香港遠至新加坡、西貢、呂宋，對於北上的航線，李鴻章極力反對，李鴻章反對的原因，是因為他所支持的招商局，與怡和公司、太沽公司（Butterfield & Swire）有所約定，不管中國船隻，外國船隻，在這個航線上禁止競爭〔註142〕；劉銘傳乃嚴厲指責李鴻章，犧牲了中國人的商業利益〔註143〕。事實上，李鴻章所反對的是，台灣商務局擁有駕時、斯美兩隻快船，威脅了獨占中國航運事業的招商局，李說：

　　　　鄙意台灣造船，原為通地之聲氣，非為同商局爭利。今走天津，專

　　　　為謀利，全失本意〔註144〕。

當時的英人干德利（R. S. Gundry）也說：「台灣的巡撫為著幫助該島發展貿易，曾購買兩隻火輪船，而招商局的保護者們反對這兩隻船到北方貿易，認為是對招商局商場的侵犯」〔註145〕。劉銘傳創商務局、購買輪船、發展商業的計劃，與李鴻章之重要利益發生抵觸，李鴻章乃不顧與劉在洋務派系上的關係，使用其權力，在在予劉氏以阻擾。劉銘傳在遭受反對之下，乃改變計劃，航行於香港、廈門、汕頭和台灣各港。由劉銘傳嚴厲指責李鴻章排斥台灣商船航行華北沿岸之事來看，劉想必是希望與從事中國沿岸航運的外國航運公司競爭利益〔註146〕。既然無法航行華北沿岸，劉銘傳乃轉而向壟斷台灣航運的英國德忌利士洋行（Douglas Company）挑戰〔註147〕。德忌利士洋行原有四艘船，壟斷台灣與大陸間的貿易往來，劉銘傳與之競爭激烈後，增加到九艘船隻，雖然劉銘傳擁有有利的條件，如輪船所需的煤較便

〔註141〕同上。

〔註142〕李鴻章：《李文忠公選集》，第四冊，台灣銀行經濟研究室編印，台灣文獻叢刊第一三一種，頁592～593，頁604～605。

〔註143〕Speidel, William M., op. cit., P. 344, P.369（Note 43）。

〔註144〕李鴻章：《李文忠公選集》第四冊，台灣銀行經濟研究室編印，台灣文獻叢刊第一三一種，頁593。

〔註145〕干德利（R. S. Gundry）撰，張雁深譯，《中國進步的標記》，載於洋務運動文獻彙編第八冊，頁442。

〔註146〕Speidel, William M., op. cit., P. 344.

〔註147〕臨時台灣舊慣調查會，《第二部調查經濟資料報告下卷》，明治三十八年五月十二日，頁330～331。

　　　　英商德忌士洋行的船隻為：海龍（大小二隻）、福建、科摩砂、爹厘士、海門、海壇、海澄、阿厘拜。

宜，由商務局裝載的茶葉可以免徵釐金等，但是這項政策，並沒有改變長久以來的航運型態〔註 148〕。劉銘傳在台灣發展航運的奮鬥中，所遭受的阻力可以說有下列三種：一是各省地方大吏的牽擾，如南洋大臣曾國荃曾咨呈總署，對台灣當局購買的威利輪船，由商輪改為官輪必須歸總理衙門管束，並應驗關與稅〔註 149〕。二是來自與劉銘傳有密切關係李鴻章的阻擾，使劉銘傳的船運計劃無法向北方發展。關於這一點，干德利批評說：「這似乎是件小事，但是可以看出當局習慣於干涉私人企業，因而嚴重地阻礙進步」，作者又進一步批評：「要等到中國學會把商業性的企業留給私人去經營，學會從全國的觀點而不是從私人或地方的觀點去對待國家的財政的時候，工業運動才有大規模展開的希望」〔註 150〕。三是來自洋行的阻力，雖然在航運事業上，並未有直接資料顯示洋行干涉劉銘傳的航運事業，但是洋行具有的優勢（如船隻增加容易），使劉銘傳仍然無法改變外人操縱台灣航運的命運。

四、新郵政制度

台灣納入版圖後，駐台兵防依大陸舊制，在台灣創設舖遞，傳遞軍書，首先在台灣、鳳山、諸羅設置舖遞，其後在彰化縣、淡水廳和噶瑪蘭廳亦陸續設置，專為各縣治間傳遞公文，嗣後每縣設一縣治即設舖遞，每舖派遣舖司一人及舖兵數人，全島舖兵約二百人，舖司管理收發文書及登記循環簿，舖兵擔任跑遞，平常每日上下午各發班一次，有急件時，不論風雨或日夜，兼程遞送。此處又在沿海綠營防兵駐在地，設立汛營，傳遞軍營文書〔註 151〕。

同治十三年，沈葆楨改舖遞為站書館，分設總站、腰站、尖站、宿站等。每縣設一總站〔註 152〕。

舖遞及站書館僅僅傳遞公文，至於私信則覓長足遞送，或交私人設立之批館，代為傳達。當時台北城內的批舘即有全泰成、協興昌、周炳記與福興

〔註 148〕Speidel, William M., op., cit., P.345.
〔註 149〕台灣銀行經濟研究室編印：《台灣海防檔》第二冊，台灣文獻叢刊第一一〇種，頁 87～92。
〔註 150〕干德利撰，張雁深譯：前文，頁 442。
〔註 151〕張炳楠監修，李汝和主修，張奮前整修：《台灣省通誌》，卷四，經濟志，交通篇，台中，台灣省文獻委員會出版，中華民國 58 年 6 月 30 日，頁 309。
〔註 152〕劉承漢：《台灣之郵政》。（列入台灣之交通，台銀出版，民國 47 年），頁 134。

康。光緒六年，全泰成、福興康在台南次第設立支店〔註153〕。

光緒十四年二月十日（1884），劉銘傳改革傳統的郵政制度，希望提供更便宜、更可靠的郵政服務，乃參酌當時內地海關郵政的設施，改革「站制」，重新創立郵政制度，這個郵政制度類似西洋的郵政組織。劉銘傳說：

> 台灣舊設驛站五十處，辦理廢弛，文報往往遲延貽誤。經臣督飭司道量加整頓，將原設正、腰各站覈實裁減並於旁通暨新設各縣分添旁站，仍不過原設站數；所有原用站夫一律撤去，由各營汛分撥兵丁，酌給津貼，責令傳遞。各站另僱書識，專司站務。仿照外洋郵政辦法，委令道員陳鳴志督辦〔註154〕。

新的郵政制度，從光緒十四年二月初十日起，試辦一年後：

> 南北文報毫無稽遲，所在稱便。統計一年需用經費約在一萬兩上下，比較台防舊章全年需用一萬五、六千兩，實可撙節銀五、六千兩〔註155〕。

設郵政總局於台北府城，以候補道張維卿任總辦，直隸於巡撫，並且以台北、台南為總站，設正站十五、腰站十二、傍站九。當時台灣的郵政系統如下：

南路線：台北——桃園——中壢——大湖口——竹塹——後壠——通宵——大甲——彰化——張熙厝——大莆林——嘉義——急水溪——茅港尾——看西——台南——橋仔頭——鳳山——東港——枋寮——楓港——恒春。

北路線：台北——水返腳——基隆——龍潭堵——頂雙溪——大里簡——頭圍——宜蘭。

不在南路線、北路線上之地區，如發遞內山埤南文報，其設站處所，仍由屯番接遞來往，一體照舊辦理。而對中國大陸，郵政總局也有營業路線，如廈門、福州、上海、安海、漳州、汕頭、廣東、香港、天津、北京等，其郵件、信銀等物皆由輪船南通、飛捷二郵輪定期往來運送〔註156〕。

〔註153〕曾汪祥：《台灣交通史》，台灣銀行經濟研究室編印，台灣研究叢刊第三七種，中華民國44年10月出版，頁11。

〔註154〕朱壽朋修纂：《光緒朝東華續錄選輯》，台灣銀行經濟研究室編印，台灣文獻叢刊第二七種，頁158。

〔註155〕同上。

〔註156〕劉振魯編著：《劉銘傳》，台灣先賢先烈專輯第六輯，台灣省文獻委員會編印，中華民國68年6月出版，頁189。

新的郵政開辦之時，台灣郵政總局曾揭發告示，其中有：

> 本總局，於二月初十日，即在台北府城，設局開辦郵政事務，其一
> 切章程均照條目辦理。至於商民人等，亦准就於右該處郵站，照章
> 買票，附遞信件。合行列陳出示曉諭，為此示仰全台軍民商賈人等
> 知悉。爾等如有由站附遞信物者，務須遵章買票，一體轉遞，倘有
> 貼誤挨站，查究失物照賠〔註157〕。

新郵政之特點，在於傳遞公文之外，收寄私人郵件，是為公用事業之嚆矢。
當時全國郵政尚屬初創，在試辦階段，而台灣郵政已能自成體系，其成就實
不可等閒視之。

　　新的郵政制度，仿照西洋辦法，以下就其中幾個特點說明：

　　第一：使用郵票。郵票係「空白郵票」，使用時「由局按郵站地名，擇一
字編立字號」，以便稽查。票上填註年月日時，或收或發，載之於簿，並且留
有票根字號，以備查考〔註158〕。

　　第二：限時遞送。規定「每日自卯至酉，足有六時（十二小時），每時限
遞十九里，計一日六時，可遞一百十里」〔註159〕。

發遞郵站	發遞時刻	到達郵站	限定時刻
台北	卯刻晨（5～7時）	新竹竹塹城	酉時下午（5～7時）
新竹竹塹城	卯時	後壠站	午末中午（12時）
後壠站	未刻下午（1～3時）	大甲站	酉刻
大甲站	卯刻	彰化城	午末
彰化城	未刻	張熙厝站	酉刻
張熙厝站	卯刻	嘉義城站	午末
嘉義城站	未刻	茅港尾站	酉刻
茅港尾站	卯刻	台郡城站	午末
台郡城站	未刻	鳳山城站	酉刻
鳳山城站	卯刻	枋寮站	午末
枋寮站	未刻	楓港站	酉刻

〔註157〕同上，頁190。
〔註158〕同上，頁190～191。
〔註159〕同上，頁192。

楓港站	卯刻	恒春站	午未
（以上南路線）			
台北總站	卯刻	基隆站	午未
基隆站	未刻	頂雙溪站	酉刻
頂雙溪站	卯刻	宜蘭縣城	酉刻
（以上北路線）			

以上各線，或收或發，或來或往，一體照限謹遞，「如查核月報冊內，何處所遞文件，程限不符，從嚴查究」〔註160〕。如上面限時遞送的情形來看，若由台北寄一信至台南，交由台灣郵政總局送信，五天即可送達台南。在缺乏便利的交通工具，加上夜間無法工作的情況下，寄一信由台北至台南，只需五天，從台北至宜蘭只需兩天，可以說，當時的郵政制度已經相當進步。

第三節　振興產業

一、經營煤礦

由於同治十三年牡丹事件的危機，沈葆楨主張積極開採基隆煤礦，此後，基隆煤礦的經營，一直成為台灣洋務運動中的一項重大事業。而基隆煤礦位於東亞航線上，煤質又好，乃成為列強企圖侵占的對象，外在的壓力使得基隆煤礦的經營益形重要。以下是初期洋務運動，台灣煤礦經營的大概：

同治十三年至光緒十年，基隆煤礦大事記

同治十三年（1874）	船政大臣沈葆楨奉准台煤出口減稅。
光緒元年（1875）	清政府諭令台灣試辦基隆煤礦。沈葆楨聘僱英國礦師翟薩勘察，選定礦區。冬，翟薩赴英國購機僱匠。
光緒二年（1876）	六月開始鑿井。用英國礦師等十二人。自礦區至海口修輕便鐵道。
光緒四年（1878）	基隆煤礦開始出煤。是年產煤一四、○二九噸。
光緒五年（1879）	自是年以後，產煤一部份供給船政需要，一部份出售。是年產煤三○、○四六噸。

〔註160〕同上。

光緒六年（1880）	是年產煤四一、二三六噸。
光緒七年（1881）	是年產煤五四、〇〇〇噸。
光緒九年（1883）	六月以後外國礦師均已解僱〔註161〕。

1874～1884年台煤出口情形如表 5-4：

表 5-4　1874～1884年台煤出口情形　　　　　　　單位：量：噸，值：海關兩

年代	運往國外		運往香港		運往國內各口岸		總出口量	
	量	值	量	值	量	值	量	值
1874	—	—	4,223.68	10,453	10,991.25	26,046	15,214.90	36,499
1875	70	142	5,644	12,073	21,951	45,723	27,665	57,938
1876	1,289	2,504	14,185	28,080	16,119	32,359	31,593	62,943
1877	1,095	2,260	12,389	28,658	15,464	34,518	28,948	65,436
1878	—	—	12,803	31,165	12,985	38,068	25,783	69,233
1879	250	500	10,512	20,970	18,061	30,833	28,823	52,303
1880	—	—	7,210	13,216	17,444	31,887	24,654	45,103
1881			25,017	47,341	21,161	36,948	46,178	84,289
1882		1,143	13,869	26,383	27,724	51,489	42,202	79,015
1883	—	—	10,806.41	20,856	21,011.87	39,162	31,818.28	60,018
1884	—	—	5,977.20	11,562	24,956.02	44,453	30,933.22	56,015

資料來源：1874～1884歷年海關報告冊

　　光緒十年三月十八日（1884.4.13），法艦駛台威脅購買煤炭，使基隆煤礦又面臨外在壓力的威脅〔註162〕。閏五月二十四日欽差督辦台灣軍務大臣劉銘傳抵台，飭封基隆各煤窯，禁止售煤。六月十二日法軍攻擊基隆，同月十五日劉銘傳基於戰略上的需要，飭令所屬部隊前赴八斗拆移煤廠機器，炸毀煤井設備，放水流入礦坑，並將煤局房屋及坑口存煤（約一萬五千噸）焚燒，經營將及十年的台灣官煤廠，至此全行破壞〔註163〕。戰後，劉銘傳乃積極重興台灣煤務，但是波折重重，先後歷經官辦（原來經營方式）、官督商辦、官商合辦、收回官辦、洋商承辦、官商合辦，最後又回到官辦等過程。

〔註161〕孫毓棠：前書，頁 612。
〔註162〕中法戰爭期間，法國企圖佔領基隆煤礦之詳情，請參閱黃嘉謨：《甲午戰前之台灣煤務》，頁 159～213。
〔註163〕劉銘傳：前書，「請將曹志忠移紮山後並拆移煤礦機器片」，頁 172。

　　劉銘傳為重建基隆官煤廠，有商人張學熙稟請承辦，承辦條件為嗣後船政在基隆採購煤炭，每百石減低價銀四元，商方只領價銀二十元（原官炭每百石給洋二十四元）；一俟辦有成效，再行由官酌議抽釐〔註164〕。本來劉銘傳振興實業的經營原則，尤其礦務的整頓，主張「先籌公款，試開一、二處以為之倡。礦質果精，再招商股，商自經理而官為保護，蓋官難持久，不能不歸之商，商畏官撓，不能不因勢以導」〔註165〕。

　　可見劉銘傳經營礦務的原則在官護商辦，但基隆官煨礦的重建，在台善後事項在在需款的情形下〔註166〕，交由商人承辦，官方無需籌墊經費，「煤務歲支經費銀十萬兩即可概行裁省」，移作其他用途，自屬得策，因而決行批准照辦〔註167〕。張學熙雖於收復基隆初期即已稟認承辦基隆八斗煤廠，但卻遲至光緒十二年（1886年）初始行開工，由於「該礦積水過深，張學熙無力購辦機器，僅用人力開辦，數月虧折本銀數千兩，力不能支」〔註168〕，只好稟請退辦。於是，商辦煤礦方式不得不改變形式，遂又有官商合辦的經營方式。

　　由於福州船廠，江南機械局及各兵輪都需用煤，劉銘傳乃分別商經南洋大臣曾國荃暨船政大臣裴蔭森同意，由南洋船政，和台灣官方各湊資本銀二萬兩，作為官股，委派補用同佑張士瑜招集商股六萬兩，合成本銀十二萬兩，作為官商合辦事業〔註169〕，於光緒十三年（1887）正月，官商合辦的台灣煤務局正式成立〔註170〕。在這一年裏，台灣煤務局聘請外籍礦師指導，新機器並在十一月後裝置完竣，每天能夠出產一百噸的煤。但是，台灣煤務的經營又面臨了困境，「核計出售價值，局用僅可勉支，毫無利息」〔註171〕，這是出煤疏遲的老問題又再度發生。劉銘傳說：

〔註164〕同上，「奸商吞匿釐金道員通同作弊請撤任委署查辦摺」（光緒十一年五月十三日），頁330。

〔註165〕同上，「遵籌整頓海防講求武備摺」（光緒十年閏五月初二），頁134。

〔註166〕李鴻章：《李文忠公全集》，電稿，卷六，寄譯署，頁10～11（文海出版社影印本）。

〔註167〕同註5。

〔註168〕劉銘傳：前書，「官辦基隆煤礦片」（光緒十三年十二月），頁351。

〔註169〕同上。

〔註170〕同上。

〔註171〕同上。

> 推原其故,皆由煤炭出礦之後,運至基隆海口,海濱很大,難用駁
> 船,旱道山路千餘里,運腳太多,非造鐵路以利轉輸,煤務不能獲
> 利〔註172〕。

既然非造鐵路以利轉輸,煤務不能獲利;煤局原有的官商股本,用以辦理機
械工程,已形勉強,實在沒有再行修建鐵路購置火車的能力,因而由張士瑜
稟請收回官辦,免致商股虧折〔註173〕,官商合辦的台灣煤局,至此告一段
落,終又收回到原來官辦經營。對於煤礦收回官辦,劉銘傳的處理原則如
下:

> 臣查閩洋官商輪船,並船政、製造各局,專恃基隆煤炭;且台南北
> 鐵路辦成,更需煤用。現在礦工已辦有十分之九,以後資本無用增
> 加,未便停辦。商人惟利是視,既知無息可圖,自難強令入股,應
> 將礦務仍舊由官收回,自本月初一接辦。所有商本銀六萬兩,並船
> 政原入銀二萬兩,暫由台灣於上年捐輸存餘項下籌撥歸還。經臣另
> 派洋師瑪體遜監督工程,仿照商辦章程,以除宿弊。再由鐵路公司
> 自八斗煤礦分接車路一道直通基隆碼頭,以便運售迅速。將來全台
> 鐵路告成,銷路日廣,利息日多,仍舊招商接頂,縱不能收回成本,
> 庶不致全行虧折,積久又成漏卮,於地方商務不無裨益〔註174〕。

光緒十四年春,劉銘傳曾採取一項有關煤務的措施,他批准了基隆鳳山
煤礦公司總辦曾炳動的請求,授予該公司以包辦台灣煤炭及木材出口貿易的
特權;公司的權限比照官營方式辦理:公司的資本,規定為銀六十萬兩,由
香港及廣州華商認股投資。但由於印發的計劃書謬誤百出,港粵華商即使已
經認股,終仍相率退出,而包攬煤炭外銷的計劃,也終歸於失敗〔註175〕。

雖然劉銘傳經營煤廠遇到許多困難,但是煤礦的出口(包括民煤)確實
增出不少,下表是1885～1889年台煤出口情形:

1885年→五、七六七噸。

1886年→一六、六五九噸。

1887年→一二、三〇一噸。

〔註172〕同上。
〔註173〕同上,頁351～352。
〔註174〕同上。
〔註175〕黃嘉謨:《甲午戰前之台灣煤務》,中央研究院近代史研究所專刊,南港,中
央研究院近代史研究所出版,中華民國50年5月初版,頁220。

1888 年→二六、六三九噸

1889 年→四三、四一九噸〔註176〕

劉銘傳雖然致力開拓台煤在內地的市場，但官煤廠依舊無法獲利〔註177〕。光緒十四年十二月，洋礦師瑪體遜奉命轉管鐵路工程，官煤廠的事務，移交由一位不諳礦務的官員接辦〔註178〕。在官僚習氣的影響下，煤務局的業務經營不但難得改善，甚且月有虧損，劉銘傳為減少官帑的長期漏卮計，已無法籌到其預定的煤局獲利時機，便急於考慮將官營煤礦轉讓商辦，而洋商承辦基隆煤礦的問題也隨之發生〔註179〕。

何以劉銘傳決意將基隆煤礦交由洋商承辦？他說：

> 自光緒十三年十二月改歸官辦，迄今年餘，綜核出入，每月虧折銀
> 三四千兩。……每年仍虧銀四、五萬兩。以台灣彈丸之地，所入不
> 敷所出，不謀補救，受累無窮〔註180〕。

而且「據洋師察勘，非添本銀百萬，另開新窰，不能獲利，台灣經費支絀，官既無本，商股豈可再招？」〔註181〕，而官辦煤礦「積習太深，驟難盡革」，在這種情形下，英商范嘉士（Francis Cass）在英國駐台北領事官班德瑞（Fredk S. Λ. Bourne）居間介紹，范嘉士不但「願集本百餘萬」承辦礦務外，而且「願償八斗煤礦機器官本十四萬兩」〔註182〕，假如基隆煤礦交由外商投資經營，「不特官本可以收回，即以二十年計之，可免漏卮百萬，關稅並車路運資，轉可得數十萬，利源既闢，商務更興，於地方民生所稗甚巨」〔註183〕。於是劉銘傳派礦務委員張士瑜與范嘉士草訂合同，其合同重要條款如下：

（1）由該商延聘勘煤工師來台履勘產煤之區，選定兩處，作為開礦之基，稟准開辦。先在一處興工，地方官立限，凡離該礦三英里內，不准民人挖煤。倘界內該商所開煤并未得要領，再易新井，苟無越界，悉聽其便。二

〔註176〕參閱 1885〜1889 年歷年海關報告書。

〔註177〕Speidel, William M., op. cit., P. 347.

〔註178〕申報，光緒十五年二月二十九日，轉引自吳鐸：《台灣鐵路》，頁 165，註 10。

〔註179〕黃嘉謨：前書，頁 220。

〔註180〕劉銘傳：前書，「英商承辦基隆煤礦訂擬合同摺」（光緒十五年六月二十二日），頁 356〜357。

〔註181〕同上。

〔註182〕同上。

〔註183〕同上。

十年之內，全台非該商不准添用機器挖煤。如年限未滿，第一處煤苗有罄盡之，即准遷第二處開挖，其界限仍照前訂。倘兩處煤俱挖盡，尚未滿二十年，亦即停止。此外不得再有遷移。所挖煤山，如係官地，不用給租，如係民地，即秉公酌給地租，其租僅按所種禾稻雜糧之值，由官代定，仿照鐵路章程「每方丈給四角至六角為止」推算。倘該商煤礦所挖地洞養氣不通，必開小井通氣，該井雖界限，亦准其開設。若所開之處係屬民地，應由該商給與租值，仍由地方官照前代定。設界限之外，民人所挖煤洞，與該礦有礙，應由地方官代為調停。二十年限滿，該商應即撤退，所有機器價值，無論多少，與官無涉，所安機器，或就地變價，或折卸運回，官不過問。

（2）基隆八斗煤礦機器、煤炭房屋，即交該商經理，將來此煤礦用否，悉憑該商自酌，不在第一款所指兩處之內。倘該商興辦八斗煤礦，所有已成立之小鐵路火車，儘可借用，不取租銀；其未成至海洋關口之小鐵路，該商應照公平納租，其租資應即議定，日後准不加增。並由地方官在洋關邊撥出官地一段，為該商修築馬頭，寄屯煤炭之需，此地准免地租。倘係民地，須按年納租，仍由官定，日後准不加增。

（3）新挖煤礦所需小鐵路，由官築成，達至大鐵路，該商應納大小鐵路載費，仿照泰西英、美、法、德各國載價，每噸以三十里路計，載資約在一角四仙至五角五仙，應臨時察看鐵路工本情形，隨時酌定。倘該商將煤運載大鐵路馬頭，儘可通用，勿庸納租。所選礦基，先請地方官議定，限期築成小鐵路，並定載費若干。議定後，將來如非該商情願，准免加增。

（4）地方官每月應收該商所挖煤炭一千噸，其價值照基隆市價八折算還。

（5）該商煤炭，除撥給地方官一千噸之外，其餘每噸出口應納賦課一角。惟民人所產土煤，既無賦課，自可輕價而賣，殊礙該商售路，應准設立民人釐捐，准照賦稅一體，遮無偏枯。至該商挖出煤炭，照現時應納關稅外，所有釐捐概免。

（6）該商煤礦應蓋夥友、工師、工匠等房屋，除附近官地勿庸納租外，其餘別處，或屯煤、或蓋屋，如租民地，官為轉租，照官價算給。該商來台，立意極欲與官民敦睦，務得情理之平，第相處久遠，僱工人等難保不無高抬價值、包攬把持種種情弊，官必彈壓保護。該商若由中國僱工來台，應從其便，除工師、督工、夥友外，其餘均用華民，不准僱用外國工人。如因礦中工

匠眾多，稟請官派弁兵彈壓，應如所請飭派。倘該商請派弁兵駐防礦中，其薪水多寡，由該商按月籌送。

（7）地方官若遣生徒進礦學藝，每礦可撥三人，該商工師應宜優待，所在任其遊歷，以期學業有臻。

（8）煤在軍裝之列，中外倘有戰爭，該礦應歸中國主政，並由中國保全，再由地方官派員駐礦稽查出入，如有接濟敵煤，查出照公法議究。如與英國有戰，該商係英國子民，應即暫退。若年限未滿，事平再行接辦。所有礦中屋宇、機器等件，應由官保護。如因退歇虧累該商生意，無論多少，與中國無涉，不敢絲毫索賠。若該商情願將此煤礦頂與別國商人接辦，應先稟明地方官核准，別國商人承允，亦應照此章程辦理。

（9）此事一經地方官奏准，該商即繳規平洋銀二萬兩，俟基隆煤礦機器等物交清，馬頭屯煤之所指定，洋海關一帶未成小鐵路租資議定，該商即應再繳規平洋銀五萬兩。其餘應繳七萬兩，准照第五款按月應撥煤價內扣除〔註184〕。

此項合同給予英商的權利與便利，可謂應有盡有，其中自由選定礦區二處，礦區以外，員工房屋和碼頭屯煤處所等需用官地概行免租，以及二十年內全台非該商不准添用機器挖煤等項，尤為英商方面的特權；而台灣官方得到的利益，不過是每月按市價八折收購煤炭一千噸，出口煤炭每噸徵收賦課銀一角，並收回基隆煤礦官本銀十四萬兩而已。至於民營煤礦方面，不僅因此增重釐捐負擔，而且諸多限制。

不過，劉銘傳仍然認為台灣基隆煤礦由洋商開採，「台灣同該商均有利益」〔註185〕，此事經總理衙門會同戶部覆議的結果，可由慶親王奕劻等之覆奏文中看出，清廷極力反對劉銘傳的主張，該覆奏文指出此項合同不利台民之處：

> 開定立年限，指定界限，以及撥地修築碼路，聽雇別埠工匠，不准
> 華民就近開挖，加征土煤厘捐各節，大都為利益煤礦起見，而於本
> 地民生殊有礙，必非民情所願〔註186〕。

〔註184〕同上，頁357～360。

〔註185〕同上，頁360。

〔註186〕孫毓棠：前書，「光緒十五年八月初七日總理衙門慶親王奕劻等奏」（戶部檔案抄本），頁601。

基於國防上的理由，洋商開採基隆煤礦的弊病，該覆文指出：

> 且台地孤懸海外，基隆實為扼要之區。該處煤礦乃中國自有之利，
> 一旦付諸外人，盤踞二十年之久，儼同地主，漸至建蓋洋房，聚族
> 日眾，恐年滿之後，又別生枝節。況煤斤為輪船所必需，今以就地
> 之煤聽其壟斷，設遇海疆有事，彼若聯絡一氣，即欲杜其接濟，誠
> 恐防範難周。雖合同有歸中國主政之語，亦未必可恃〔註187〕。

除了以上二個理由外，清廷又考慮到整個洋務運動的關鍵問題，即：

> 中國各省礦產，洋人垂涎已久，如黑龍江之金礦，雲南之銅錫各礦，
> 洋人趣越境踏勘，疊經該將軍督撫奏請設法阻止，杜其覬覦。若准
> 英人開辦煤礦，恐他國援以為例，紛紛要求，倘拒而不允，彼將謂
> 厚彼薄此，重煩辯論，似不值貪此小利，轉貽外人以口實也〔註188〕。

因為「中國洋商開礦之事，從未辦過」〔註189〕，所以清廷必需詳細考慮這個決定關係整個中國的利益，其中涉及外商在中國投資的問題，尤其在武力為後盾的投資下，洋商利用投資理由，極可能侵吞中國利源，所以，就當時之背景而論，清廷之顧慮實屬必要。

　　劉銘傳急於解決基隆煤礦之虧損問題，因此在合同中給予洋商太多特權，同時對外商在中國投資的問題及性質又欠缺考慮，難怪清廷認為劉銘傳此舉「殊屬鹵率」，而予以申飭。近人研究劉銘傳此項主張，認為劉銘傳有出賣基隆煤礦的企圖〔註190〕，雖然該項合同有賣基隆煤礦給外商之性質，然而從劉銘傳的整個洋務經營政策而論，劉氏是清末洋務官僚中極少數敢為保持中國之利源而向洋商、列強挑戰的人，因為他相信洋礦師之言：「外洋新井初開，必三年後始可見煤，十年後始能獲利」〔註191〕，故「西人每辦一礦，非籌本金數十萬，積歲十餘年，不敢妄求獲利」〔註192〕，依照劉銘傳這種看法，基隆煤礦由外商經營二十年，前十餘年一定很難獲利，即使獲利也不超過十年，而此二十年間，中國收回基隆煤礦官本銀十四萬兩與每噸煤之出口稅銀一角，同時也省去了每月虧折三、四千兩的困境，二十年合計省去了銀七十萬至九

〔註187〕同上。
〔註188〕同上。
〔註189〕劉銘傳：前書，頁360。
〔註190〕孫毓棠：前書，頁599。
〔註191〕劉銘傳：前書，頁367。
〔註192〕同上。

十六萬兩的虧損〔註193〕；外商雖然經營二十年，但獲利期間可能不超十年，此期間中國不但有所收益，而且堵住了虧損，所以劉銘傳認為台灣同該商均有利益，而主張由洋商承辦基隆煤礦二十年。從這個角度來評論劉銘傳這項主張，與其認為他有出賣基隆煤礦之企圖，不如說他對帝國主義的認識不夠清楚，沒有考慮外商投資中國礦業的問題性質，因而簽訂了具有出賣基隆煤礦性質的合同。

清廷除申飭劉銘傳外，還飭下劉銘傳繼續由官辦八斗煤礦，如煤源已竭，所產日絀，虧折太多時，由巡撫酌量情形，停止開採，或籌有鉅款，再另開新礦〔註194〕。劉銘傳似乎已經認為官辦煤礦無法解決困境，而閩台船政製造局以及各輪船，每月需煤數千噸，不能停歇不辦〔註195〕，所以不顧清廷飭令官辦原則，由林維源訪招富商候選知府蔡應維、雲南候補道馮城勳、職員林元勝等合資三十萬元，與官合辦，為期二十年，官一商二，仍繳原礦本銀十三萬兩，承受礦存房屋機器，以十萬元作為官本，其餘按月繳煤扣除。礦局一切義務，由商負責經營，官不過問，將來不論盈虧，按照成本三股勻算〔註196〕。

劉銘傳自認官商合辦的辦法尚稱周詳，乃自行批准，於七月一日（光緒十六年）歸商接辦〔註197〕；然全案經由戶部咨商總理衙門的結果，認定基隆煤礦經派員（候選知縣黨鳳岡）整頓後，甫有起色，又忽變為官商合辦，上年洋商包辦雖已作罷論，是否尚有影射冒充情弊，事屬可疑；考核所定章程，又屬必不可行〔註198〕，乃會奏請飭即行停止，照前慎選賢員，認真經理〔註199〕。

清廷懷疑此次官商合辦，係由前不准承辦煤礦之洋商所冒充，其原奏文所舉之理由如下：

> 上次洋商辦礦，首請以二十年為限；此次華商辦礦，亦首請以二十年為限。上次洋商請立馬頭，此次華商亦請立馬頭。前後所請以如出一轍？其可疑一。然此猶屬商人之要求也，准與不准，權在於官。

〔註193〕同上，頁356。
〔註194〕孫毓棠：前書，頁601。（同註186）
〔註195〕劉銘傳：前書，頁365。
〔註196〕同上。
〔註197〕同上。
〔註198〕孫毓棠：前書，「光緒十六年八月十五日上諭」（《德宗實錄》，卷288，頁8），頁606。
〔註199〕同上。

乃所請定立年限、修築馬頭，以及禁止附近挖煤等事，皆經臣等以有礙民生，於上案逐層指駁；該撫何以又復批准，一若有所不得已而遷就者然？其可疑二。臣等前奏禁用洋人，朝廷前旨亦禁用洋人。此次章程內開，所集股分皆係華人，不准洋人攙入。乃局章內又載明雇用總管礦務洋人一名，礦師一名，管車二名。夫用洋人作礦師可也，作管車可也，至礦務事宜，既有總辦、會辦、提調各名目的，何以又用洋人總管工程？股分不准洋人入資，而礦務則歸洋人總管，自相矛盾，欲蓋彌彰，其可疑三〔註200〕。

又原奏文所舉五個官商合辦不可行的理由如下：

至其所稟章程，尤有種種紕繆必不可行者。如所請官商合辦煤務以二十年為限，自開辦以至限滿，一切煤務事宜統歸包商經理，官中免予過問。又十二年之內不准別商包開；至該商等則不論辦至何年，均准辭退等語。夫商人承辦官礦，進退之柄理當操之於官；今乃豫請以二十年為期，已屬任意壟斷。至於既立期限，自應彼此遵守；乃此二十年內官不得另行招商，商轉可隨時辭退，且以官商合辦之事，禁官不得與聞，商有權而官無權，太阿倒時，一至於此！此必不可行者一也。台灣為閩台省屏藩，基隆為台灣門戶。設險以守之，尚虞不固。今乃開挖河道，修築馬頭，使數萬石之商輪可以直入內地停泊。夫商輪可入則兵輪亦可入，商輪可泊則兵輪亦可泊，萬一海疆有警，恐敵軍巨艦皆可長驅直進，藩籬自撤，後將噬臍。此必不可行者二也。從前洋商所訂合同，有不准就近開挖，加征土煤厘捐兩條，蓋為周計利也。此次章程所載，附近民洞仍係請官禁止，並謂如官井出煤不敷，或向民洞採買，其價即照從前官辦民煤數目發給等語。從前官辦民煤，其價值作何發給，從未報部，臣等無可考查。惟該商採買民煤，不按市價而按官價，必官價之減於市價。故知此議一行，將來該商等必藉口於官煤不敷，抑勒採買，民洞不堪賠累，其開挖請不禁而自停，該商等乃得獨擅其利，是不必加土煤之厘而其謀實較加厘為尤毒，小民生計何堪如此剝削？此必不可行者三也。章程中又謂，倘有挾嫌造謗，官中免予輕聽，設或必難遽信，准將官本提還，其煤務仍准原商辦至限滿等語。夫商人承辦

〔註200〕同上，「光緒十六年八月Ｘ日慶親王奕劻等奏」（戶部檔案抄本），頁604。

官物，至於官不見信，其劣跡昭著可知，自應徹底清查，治以應得
之罪；乃該商等竟敢要挾衹准提回官本，不准斥退原商，是將來該
商等無論如何妄為，官中皆不能查辦。天下有是政體乎？此必不可
行者四也。光緒十四年有候選通判丁樅承辦閩省石竹山鉛礦，該督
奏請給發關防，經臣部議駁有案。此次該商所請，不獨發給關防，
設立總辦、會辦，提調、文案等各項名目，儼然局員矣。此輩大約
皆係本地富豪，捐保有職，一旦假以事權，必致抗衡府縣；魚肉鄉
愚，甚且私立公堂，濫用刑杖，小民何辜，遭此荼毒？朝廷未獲開
礦之利，百姓先受礦商之害。此必不可行者五也〔註201〕。

清廷認為總理衙門與戶部所議各節，「實屬抉擇隱微，確中情弊」〔註202〕；
乃飭令將現辦之局，趕緊停止，不准遷延廻護〔註203〕；又劉銘傳以特旨飭令
另議的案件，未經奏明請旨，「輒即議立章程，擅行開辦，尤非尋常輕率可比」
〔註204〕，等交吏部議處；隨後吏部覆奏，劉銘傳應得革職處分，清廷「加恩
改為革職留任」〔註205〕。

劉銘傳試圖將基隆官辦煤礦改由官護商辦的政策，從最先官督商辦、官商
合股的經營方式，以及嘗試商人包攬煤的出口，都無效果而失敗，之後與洋商
訂二十年合同由洋商開採台煤，這個主張引起清廷對他的嚴厲指責，但是，劉
銘傳仍然主張由商人經營，最後還是遭清廷駁斥，並受到革職留任的處分。

劉銘傳經營基隆煤礦，雖然並無甚大成效，但是在積極尋求解決難題的
努力中，劉銘傳不斷推動商辦的觀念，尤其是基隆煤礦一向被視為洋務運動
中，官辦國防事業之一環，而劉銘傳將此具有國防性質的官辦事業，主張交
由商辦，對鼓勵台灣民間資本經營事業當有很大的助力。

二、經營其他礦產

台灣建省之際，每年出產六、七千石的硫磺，但是沒有充分加以利用，
林維源、林朝棟乃建議收歸官辦，以開利源。劉銘傳乃命令通商委員李彤恩
籌議硫磺收歸官辦，之後，李彤恩向劉銘傳報告有關台灣之硫磺情況，他說：

〔註201〕同上，頁604～605。
〔註202〕同上，「光緒十六年八月十五日上諭」，頁606。
〔註203〕同上。
〔註204〕同上。
〔註205〕同上。

硫磺一項，台灣最佳。經前江督沈葆楨奏請開禁，採備官需。歷辦舊章，每石成本洋一元，官買每石價三元。每年出產六、七千石。上等硫磺，每年只出千石，均解歸官用。其次積聚三千餘石，官既不用，商禁未開，不能出口，日久愈積愈多，不獨經費虛糜，棄置尤為可惜。且香港年銷日本硫磺至萬餘石，運至江南、天津一帶，民間用之……，銷路甚多。台灣硫產甚佳，奸民私煮販運出洋，不一而足。以自採之礦，禁不出口，既聽日本暢銷，又不能禁止奸民私煮，若設法經理，雖獲利無多，於撫番經費不無小補〔註206〕。

根據李彤恩的報告，劉銘傳推測硫磺和樟腦每年可獲利三萬餘元〔註207〕。但過去禁止商民將硫磺運出外海，所以一方奏請開禁，一方面收歸官辦。光緒十二年，於台北設礦務總局，並於北投，金包里設置礦務分局〔註208〕。經過官方積極經營的結果，硫磺的生產量在光緒十五年全年產量高達四十一萬五千六百斤，官獲實利三千二百多兩〔註209〕。

但官辦硫磺在光緒十六年（1890 年）便宣告廢止〔註210〕。

除了硫磺之外，劉銘傳也注意到油礦，但並沒有資料可證明劉銘傳曾積極購買機器派員鑽探，但是在簽訂洋商開採煤礦合同的同時，劉銘傳亦與英商范嘉士簽訂承辦油礦擬立合同。此合同之內容及原則大致與煤礦合同一樣。關於開採油礦的原則如下：

由該商工師履勘台灣出產煤油之處，先用鋼鑽探明油苗，無論成否，所用經費，均由該商自給，與官無涉。倘能尋得油源，足以開挖油礦，稟官准其先在一處興工，挖井採油。凡離十英里限內，任其取油。倘此處煤油顯有罄盡之勢，准再遷一處，其界限仍照前定。如限內該商所挖兩處煤油已完，尚未滿十五年，亦即停止。該商承辦，以十五年為限，限內全台非該商不准用機器採取煤油，限滿之日，應即撤退〔註211〕。

〔註206〕劉銘傳：前書，「官辦樟腦硫磺開禁出口片」，頁 368～369。

〔註207〕同上。

〔註208〕張勝彥：〈清代台灣省について〉，《東洋史研究》，第 34 卷，第 3 號，昭和五十年十二月發行，頁 24。

〔註209〕劉銘傳：前書，頁 370～371。

〔註210〕Speiel, William M., op. cit., P. 357.

〔註211〕劉銘傳：前書，「英商承辦基隆煤礦訂擬合同摺」（附合同二件光緒十五年六月二十二日），頁 361。

外商開採台灣油礦，官方「十取一」，每百擔抽取十擔，以為地基租課〔註212〕。從以上洋商開採台灣油礦的特權與中國所取之利只不過是象徵性之地租來看，劉銘傳簽訂此項合同，比簽訂煤礦合同更接近出賣之性質。這項合同亦被清廷所駁斥。

三、發展農商業

劉銘傳對促進台灣經濟的資本主義化所進行的努力，一是基礎事業之建設，一是積極發展各種農商實業，在討論發展農商實業之前，必先清楚的把握清末台灣的經濟結構及其特殊性，然後從這個角度看劉銘傳如何在台灣發展農商實業，以及對清末台灣的經濟結構有何影響。

曾經研究過清末台灣傳統經濟體制（Taiwan Under Ching Imperial Rule, 1684～1895, The Traditional Economy）的馬若孟（Ramon H. Myers），指出晚清台灣經濟結構上的特點是：這個高度發展而且已經開墾完成的前現代經濟結構（Pre-modern Economy），只需要注入新的貿易機會和創新的技術，即可輕而易舉地進入農業作業耕作型態的改變與邁進工業化〔註213〕。依馬氏之見解，清末台灣的經濟結構形態，只要有新的貿易機會和引進新的生產技術，就可促進經濟形態轉向現代的資本主義化的經濟形態，這是因為清末台灣具有特殊的經濟條件，在土地制度上，小租戶取得土地所有權，積蓄相當的財富，並且提高了社會地位，因而形成了一基礎深厚的地主階層，此一階層為推動經濟發展的主要力量；在生產與貿易的關係上，因為清末台灣的經濟形態已經不是處於自然經濟狀態，農業生產都以島外的市場作為目標，亦即農業產品成為商品的經濟形態；加上台灣已出現了商人資本家，形成相當的勢力，在商業及貿易上能夠獨立活動，出入日本、東南亞和大陸本土開拓市場，從以上三方面而論，清末台灣的經濟形態已有資本主義化的轉變趨向。

從上述的經濟狀態來看，劉銘傳在台灣振興農商各種實力的努力，是藉著官僚勢力與資本來助長資本主義經濟社會的發展。以下詳細討論劉銘傳的諸項振興農商實業政策。

〔註212〕同上。

〔註213〕Ramon H. Myers, "Taiwan under Ching Imperial Rule, 1684～1895: The Traditional Economy, "The Journal of he Institute of Chinese Studies of the University of Hongkong, No. 2, Vol. 5,（1972）, P. 379.

（一）茶葉與樟腦業

茶是台灣北部最主要的輸出物，也是劉銘傳最重要的財政來源。清末台灣主要的輸出物中，茶所占比率最高，由表 5-5 可以得知：

表 5-5　1884～1891 台灣主要出口物出口值之百分比

年代 \\ 出口值	出口總值（海關兩）	糖	茶	樟　腦	煤
		所佔之百分比		所佔之百分比	
1884	4,165,314	40.32	55.96	0.08	1.34
1885	3,819,763	25.03	70.99	0.00	0.37
1886	4,449,825	20.91	74.90	0.34	0.93
1887	4,562,478	23.59	72.04	0.55	0.75
1888	4,543,406	28.98	64.16	0.53	1.68
1889	4,411,069	27.41	65.13	0.84	3.06
1890	5,255,880	33.38	58.07	2.07	1.52
1891	4,735,628	30.90	57.28	6.02	1.70

資料來源：林滿紅《茶、糖、樟腦業與晚清台灣》（頁 2～3）

劉銘傳撫台期間，北部茶葉出口值占總出口值之比率，平均在 64% 以上，所以茶葉為劉銘傳撫台時最重要的商業利源。光緒十六年（1890 年），茶釐和包商歲繳銀之收入高達二十萬元〔註214〕，因之，如何獎勵茶葉，助長茶葉之更加興盛，當然是劉銘傳最重要的實業政策之一。

當時台灣茶葉的中心在大稻埕，根據光緒二十二年（1896 年，為日本佔據台灣的第一年）一月，當時台北縣內務部殖產課檢附舊淡水縣台北市茶葉明細冊〔註215〕記載，除台北府後街六家茶商，北門外街一家茶商外，在大稻埕的茶商合計有二五二家，總資本在一、〇七一、九五六圓，從業人員三、六一二人，茶商中，資本最高者達十二萬圓，即六館街之建祥號，林本源所開設。當時大稻埕各街茶商分布情形如下：

〔註214〕曾迺碩：〈清季大稻埕之茶葉〉，《台北文物》，第 5 卷，第 4 期，中華民國 46 年 6 月 30 日，頁 97。

〔註215〕同上，頁 99。

街　　名	店　　數	資本總額	店主總數
朝陽街	46 家	105,400 圓	46 人
新興街	27 家	56,800 圓	27 人
太平街	23 家	309,006 圓	24 人
永和街	18 家	18,350 圓	18 人
法主宮街	17 家	31,490 圓	17 人
太平橫街	17 家	50,300 圓	16 人
得勝街	15 家	60,020 圓	13 人
朝東街	13 家	11,300 圓	12 人
建昌街	11 家	49,700 圓	7 人
稻新街	7 家	8,540 圓	6 人
九間仔街	6 家	7,200 圓	6 人
媽祖宮後街	6 家	2,350 圓	5 人
南街	5 家	32,400 圓	5 人
蘆竹仔腳街	5 家	10,600 圓	5 人
建興街	5 家	8,200 圓	5 人
六館街	4 家	121,200 圓	4 人
怡和巷街	4 家	21,600 圓	4 人
新店尾街	4 家	800 圓	4 人
港邊後街	3 家	72,000 圓	3 人
埠仔墘街	3 家	3,600 圓	5 人
建昌街	2 家	63,000 圓	2 人
長樂街	2 家	5,600 圓	2 人
六館口街	2 家	1,600 圓	2 人
千秋街	1 家	10,000 圓	1 人
頂新街	1 家	5,000 圓	1 人
杜厝街	1 家	3,300 圓	1 人
李厝街	1 家	1,000 圓	1 人
國興街	1 家	1,000 圓	1 人
城隍廟後街	1 家	400 圓	1 人
鴨寮街	1 家	200 圓	1 人
合計	252 家	1,071,956 圓	256 人

　　雖然上列資料（出自曾迺碩：清季大稻埕茶葉，《台北文物》5 卷 4 期，頁 100～101）的記載時間尚未能肯定，但總在 1895 年或之前，故上列資料與劉銘傳撫台期間的茶葉狀態應該很接近。清末台北茶葉之繁盛由此可想見。但是商家多，市場複雜，茶葉的品質就很難維持一定水準；清末台灣茶葉因摻雜粗茶，故品質普遍低落，茶價因而大跌，影響台灣茶葉出口的成長〔註 216〕，劉銘傳鑑於實際需要，乃在大稻埕組織一茶葉合作組織，即「茶郊永和興」〔註 217〕，矯正評量狡詐的惡弊，禁止混雜粗茶，並謀求茶商間的親睦，救濟貧窮的工人等〔註 218〕。

　　劉銘傳對茶葉的獎勵不遺餘力，除開山撫番以拓展茶園外，對茶園課征地賦的問題，也慎正的考慮，最後反而採取減少茶園之課稅的政策，他說：

　　　惟念山坡峻嶺，栽種茶樹者，其資本勞力，比重於其他，應加體恤
　　　〔註 219〕。

於是在光緒十三年三月出示曉諭道：「前諭茶園，免其升科，僅對茶欉一萬課租行二元，茲改併收每擔茶厘四十錢」〔註 220〕。劉銘傳進行土地清丈工作，目的為增加稅賦，但對茶園不課稅賦，改課茶釐，其作用即藉此鼓勵種茶，茶業興盛，政府課釐自然就更多。另外，又引入印度、錫蘭的製茶、種茶法〔註 221〕，因為此時印度、錫蘭、爪哇地區的茶葉開始發達，對台茶給予相當的打擊〔註 222〕，引進上述產地之種茶法、製茶法，目的在與他們競爭國際的茶市場。

　　關於振興樟腦業，其主要政策乃實施樟腦專賣，前章已有詳細的討論，此處不再贅述。

（二）其他重要的農商業政策

　　劉銘傳所發展的實業政策尚有多種，詳述如下：

〔註 216〕林滿紅：前書，頁 24。
〔註 217〕伊能嘉矩：《台灣巡撫としての劉銘傳》，台北新高堂書店，明治三十八年 6
　　　　月 10 日發行，頁 48。
　　　　林滿紅認為茶郊之成立可能與劉銘傳無關（參閱林滿紅：前書，頁 53）。
〔註 218〕同上。
〔註 219〕同上，頁 49。
〔註 220〕同上，頁 49。
〔註 221〕林滿紅：前書，頁 53。
〔註 222〕細川嘉六：《細川嘉六著作集》，第 2 卷植民史，株式會社理論社，東京 1972
　　　　年第一刊，頁 97。

（1）養蠶事業：劉銘傳以台灣紡績，皆仰外省，歲需巨萬，因勸農家種植桑棉。光緒十五年十月，委雲林知縣李聯奎等赴江、浙、安徽等地，搜集蠶桑之種，及其栽飼之法，編印成書，領與人民，大為獎勵，又購棉子，通飭廳縣曉諭農家播種，盛極一時〔註223〕。據說台灣出產的蠶絲比浙江的好，台灣蠶絲在上海的價格比廣東上等蠶絲還要高，顯示台灣可以發展這項事業，特別栽種桑樹容易而且農民可以養蠶為副業，不過這項事業卻沒有成功，因缺乏勞力的緣故〔註224〕，又加上劉銘傳離台，這項事業便停止了。

（2）其他各種實業：如棉花和呂宋種煙草的移植，綿羊的試育，馬種的改良，耕牛的保護，均著成效，值得一提的是水利設施，起初劉銘傳籌興物產，尤裕大興水利，以資灌溉，是時大嵙崁新設撫墾，以其田沃，欲闢水田，劉氏乃擬於大嵙崁溪上游，開二大圳（即今石門水庫一帶），灌溉海山桃澗等堡，遂令德國人柏克爾（Becker）測量，後隨劉銘傳卸撫任而中止〔註225〕。

第四節　新式教育

光緒十年閏五月，劉銘傳在北京時，就曾上奏主張積極導入歐美文明，以歐美文明教育學子，並取用新學人才。他建議「設局譯刻西書，引導後進，以廣人才」〔註226〕，理由與作法如下：

> 自海外多事以來，朝廷屢下徵才之詔，顧或通洋務而昧於兵機，或識兵機而不諳洋務，甚或迂拘之士鄙洋務為不足言，捫籥扣槃，厚無足怪。查外洋於中國精要之書，多取譯行海外。其兩國兵農、食貨、製造、測量諸籍，月異日新，翻譯既微，何用考鏡？夫禦侮貴在得情，而致用尤先博覽。不究其冶軍、交鄰之要政，何以得情？

〔註223〕連雅堂：前揭書，頁721～722（中華民國62年6月15日，古亭書屋影印版）。
〔註224〕蕭正勝：《劉銘傳與台灣建設》，私立中國文化學院政治學研究所碩士論文，嘉新水泥公司文化基金會研究論文，第二六一種，中華民國63年11月出版，頁60。
〔註225〕同上。連橫《台灣通史》卷27，農業志，頁736，記載光緒十三年，命德國工程師墨爾溪往查水源議鑿巨圳，以潤海山桃澗等堡。未行而去。
〔註226〕劉銘傳：前書，「遵籌整頓海防講求武備摺」（光緒十年閏五月初二），頁136。

不研其制器造術之本原，何由致用？應請飭下總衙門並北洋大臣李
鴻章，或在京師，或就天津，特開譯局，延訪通才，取外洋實用之
書，先行譯刻，發行各省。務使人人講求，父詔兄勉，人才庶可奮
興。承學既多，旁疑自少。由是按其學科，廣其登進，決不至若科
名愚闇，貽害蒼生〔註227〕。

劉氏批評傳統儒學教育是一種愚闇的教育，貽害蒼生，惟有廣泛的學習西學，
培植人才，取用人才，才是洋務的根本。

　　劉銘傳鑑於大陸本土洋務運動推行新式教育，頗有成果，使風氣日開，
人才蔚起，對海防洋務幫助很大，同時認為台灣為海疆要衝之區，通商籌防，
動關交涉。但因一隅孤陋，各國語言文字每不知講求。劉氏當初抵台，翻譯
取才內地，但重洋遠隔，要挾多端，日薪至百餘金，尚非精通西學，因此乃思
聘教習，就地育才，這是西學堂之所由來，最初本擬官紳捐集徵資，造就一、
二良才，以資任用，不料一時開風興起，膠庠俊秀，接踵而來，乃不得不開設
學堂〔註228〕。

　　西學堂於光緒十三年三月設立，學堂位於大稻埕的六舘街，以留學生張
爾城為西學堂總監。先後甄錄年輕質美之士二十餘人，延聘英國人布茂林為
教習，生童酌給膏火，釐訂課程，並派漢教習二人於西學餘閒，兼課中國經
史文，既使內外通貫，亦以嫻其禮法，不致盡蹈外洋習氣，致墮偏詖。每日以
巳、午、未、由四時，專心西學，早晚則由漢教習督課國文。遇西國星期，課
試論策。每季委員會同洋教習考校一次，別其差等，分別獎弁，如有不堪造
就者，隨時撤退更補。經過一年，劉氏親加考察，所習語言文字，均有成效可
觀。所以擬漸進以圖算測量製造之學，勉勵各學生砥礪研磨，以為日後之用
〔註229〕。

　　因為當時台地興辦機器製造，煤礦鐵路在在需通西學之才；為了使台灣
不缺洋務人才，光緒十四年乃又添學生十餘人，洋教習一員，月支修廩洋幣
三百五十元，漢教習二員，月支洋幣五十元，共合庫銀三百二十四兩。諸位
由附生考入者月給銀八兩，由文童考入者月給銀五兩七錢，幼童月給銀三兩

〔註227〕同上。
〔註228〕同上，「台設西學堂招選生徒延聘西師立案摺」（光緒十四年六月初四），頁
　　　　　297。
〔註229〕同上。

八錢。其學生座具及隨時應用外洋圖籍等項，據實開支，約計修膏雜費年需銀七千餘兩，暫由監務項下動支〔註230〕。

劉氏為培養電報技術人才，乃於光緒十四年設電報學堂於台北大稻埕建昌街電報總局內，招致西學堂學生及福建船政學堂電信學生，共計十名，為養成司報生及製器手，均歸巡撫直轄，這是台灣正式設學培養專工之先河〔註231〕。

〔註230〕同上，頁297～298。

〔註231〕陳世慶：〈交通建設〉，《文獻專刊》，第4卷，第1、2期合刊（劉銘傳特輯），
　　　　中華民國42年8月27日，頁85。
　　　　台灣總督府編：《台灣教育誌》，1918年，頁56。

第六章　洋務官僚、民間與外國勢力的動向

　　洋務官僚在台推行洋務運動，除了實際推行運動的主要官僚（沈葆楨、丁日昌、劉璈、劉銘傳）外，尚有影響台灣洋務運動的其他勢力，如：李鴻章、左宗棠、何璟、楊昌濬、卞寶第、曾國荃、盛宣懷及清廷的要人，奕譞等。另一方面，接受洋務運動的台灣島民，也是影響洋務運動的重要勢力之一，島民支持洋務運動的情形，不論在民間資本的投資，或民間勢力的附合，甚至反洋務運動勢力等，也是影響洋務運動的主要勢力。還有洋務運動，在新技術導入上需要洋人之指導，購買槍炮火藥輪船器械材料需要洋行代購等，也是影響洋務運動重要的勢力之一，以下各節將就此三勢力──官僚、民間、外國勢力──進一步探討台灣洋務運動的實際運作過程。

第一節　洋務官僚的動向

　　在導論中曾經論及日本學者對洋務官僚之評價，包括洋務官僚的買辦性格，且與外國勢力勾結，洋務運動雖然求「自強」，事實上求的是洋務官僚本身之「自強」而不是全中國之「自強」；又洋務運動在外形上雖然也是為了「富國強兵」，實際上卻是「以『防內』為重點而缺乏積極的『抗外』（禦侮）」〔註1〕。因而，有人將洋務官僚謔稱為「民眾之敵」〔註2〕。

〔註 1〕請參閱本論文導論。
〔註 2〕衛藤瀋吉：《近代中國政治史研究》，東大社會科學研究叢書 26，東京，東京大學出版會，1975 年 6 月 30 日，第三刷，頁 248。

　　洋務官僚在歷史上應該得到何種地位的評價？這是研究觀點上的問題，本文不擬加以討論。然對於洋務官僚在洋務運動的實際推行過程中，所表現的特性應得到何種評價，這是筆者必須指出的問題。

　　影響台灣洋務運動的官僚中，以李鴻章為主要人物，左宗棠在台灣建省前後也有相當的影響力，其他的官僚如：曾國荃（南洋大臣）、楊昌濬（閩浙總督）、何璟（閩浙總督）、卞寶第（閩浙總督）等，因職務上的關係，對台灣洋務運動也構成影響力。此處所謂的影響力實包涵兩個主要層面，一是幫助推動台灣洋務運動，一是阻礙台灣洋務運動。

　　閩浙總督與台灣洋務運動主要的關鍵在於閩餉接濟台灣之問題上。台灣初期洋務運動中，由於閩浙總督何璟與丁日昌極為對立，影響到閩餉接濟台灣。何璟批評丁日昌「祇知有己，不知有人」〔註3〕，李鴻章也說：「荻（何璟）、雨（丁日昌）二公性情，諒難十分融洽」〔註4〕，丁日昌與何璟「外和內芥」，因而「閩餉尤難周轉，竟無善處之方」〔註5〕。故不僅丁日昌所計劃對台灣開發建設的經費難以獲得支援，即向例應解台灣之月餉，自光緒二年正月起，年餘之間，亦欠解達八十萬兩〔註6〕。由於丁日昌遭受閩浙總督何璟之掣肘，影響到他積極在台推動洋務之意志。後期洋務運動，劉銘傳得到閩浙總督楊昌濬的財力支持，在閩台分省之際台省財政困難之下，由於閩省之餉援，對劉銘傳主持台政之幫助是相當大的（詳情已見第四章）。

　　左宗棠對於台灣洋務運動的影響，主要的重點是奏請台灣建省。在此之前，他提拔劉璈為台灣道台，劉璈在任內，以權力有限的小小道台，仍積極推展台灣洋務運動，在清末洋務官僚中誠屬難得，可惜未能得到左宗棠之資助而難有成就。左宗棠在光緒一〇年十二月二十三日（1885.2.7）與閩浙總督楊昌濬等共同上奏「試辦台糖遺利以濬餉摺」〔註7〕，建議派遣製造技術人員到美國，購買新式製糖機械及聘請西洋技術人員以改革製糖法，尤其是應該導入精製法等。左宗棠此項以機械改革製糖技術的提案，在當時的環境而言，的確是一件值得注意的事。當時，台灣土著商業資本家沈鴻傑已經從德意志

〔註3〕《洋務運動（二）》，「光緒三年十一月閩浙總督何璟等奏」，頁377～378。
〔註4〕李鴻章：《李文忠公全集》，朋僚函稿，吳汝輪輯，台北，文海出版社，中華民國51年11月初版，卷17，頁2。
〔註5〕同上，卷17，頁9。
〔註6〕同上，卷17，頁10。
〔註7〕《洋務運動（七）》，頁579～580。

進口新式製糖機械，在新營試驗（參見連雅堂著，《臺灣通史》下冊，貨殖列傳，中華民國 62 年 6 月 15 日，古亭書屋，頁 1118。可惜詳細之年月日不清楚，但從文獻上來看，大約是在左宗棠上奏以機械製糖的前後數年）。與左氏之提案一樣，可以說是台灣洋務運動史上值得注意之事。

　　李鴻章與台灣洋務運動之關係最為密切，清末派任福建之重要官吏，尤其是經營台灣之官吏，大部份與李鴻章有相當密切的關係。如沈葆楨出任「欽差辦理台灣等處海防兼理各國事務大臣」之前，即係李鴻章推薦給總理各國事務衙門的，李鴻章說：「船政大臣管理所造兵船，又係閩人，情形熟悉，似應由鈞處知照沈幼丹中丞，會商將軍督撫密速籌辦」〔註 8〕。丁日昌出任閩省巡撫，李鴻章曾說「雨生當兼管台事，春間樞府早有此議」〔註 9〕，可見，丁氏是李鴻章執意提拔之人。光緒十年劉銘傳以「前直隸提督」之身份，擢升為「巡撫銜督辦台灣軍務」，劉銘傳於受命之際，與李鴻章接觸固是理所當然之事，而上任前（光緒十年五月十四日）在天津拜訪李鴻章，接受李鴻章甚多指示，且提供重要幹部及新兵器等〔註 10〕，可見李鴻章與劉銘傳之關係極為密切。李鴻章與清末台灣洋務運動的關係，從這些人脈上的關連就可知道，李氏對台灣洋務運動的種種施策一定有甚大的影響力。

　　但是，李鴻章實際上的勢力範圍在北洋，他雖然極力推薦自己派下的洋務官僚經營台灣，把勢力範圍擴展到台灣來，然而實際上對台灣的重視程度與李鴻章的主要勢力區比較，則成為次要的地區，甚至為維護北洋利益而不顧台灣利益而導致的爭執事件亦有之。

　　關於李鴻章將台灣視為次要的勢力範圍地區，可由下列事件中得知：為解決牡丹社事件之危機，「膽識兼偉，洞悉洋情」的洋務幹才「前署台灣道」黎兆棠，被調往台灣佐理沈葆楨交涉日本撤兵之事〔註 11〕。日軍撤兵後，黎氏隨即為李鴻章奏保調任為「津海關道員」，李鴻章說：

〔註 8〕李鴻章：《李文忠公全集》，譯署函稿，卷二，「論日本圖攻台灣」（同治十三年三月二十五日），頁 23～24。

〔註 9〕同上，朋僚函稿，卷十七，「復沈幼帥」（光緒元年十一月二十四日），頁 30。

〔註 10〕胥端甫：〈劉銘傳年譜〉，林熊祥主編，《文獻專刊》，第 4 卷，第 1、2 期合刊（劉銘傳特輯），台灣省文獻委員會出版，中華民國 42 年 8 月 27 日，頁 9。

〔註 11〕台灣銀行經濟研究室編印：《同治甲戌日兵侵台始末》，台灣文獻叢刊第三十八種，「五月壬寅（初一日）福州將軍文煜、閩浙總督兼署福建巡撫李鶴年、總理船政前江西巡撫沈葆楨奏」，頁 18。

津海關道一缺專管中外交涉事件及新鈔兩關稅務，責成綦重；如果
得人則各國洋人進京即由臣督同該道，探明意指，折其機牙，可為
總理衙門指臂之助說……臣統轄北洋佐理需才。近年日本秘魯各國
在津議約，皆賴該關道幫同籌畫辯論，非熟悉洋情廉明幹練之員，
不足以孚眾望。

茲查有前署台灣道黎兆棠（廣東順德景進士），由禮部主事總理衙門
行走奏調江西軍營，歷次保升南安府知府候補道員署江西藩司，旋
又調往福建署台灣道，於洋務講求有年，四月沈葆楨奏調該員赴台
摺，內稱其膽識兼偉，洞悉洋情，民懷吏畏。臣亦素稔其忠毅敏果
持正而不至過激，知難而勇於有為，堪資折衝駕馭之選〔註12〕。

因為「津海關道」是北洋重要的官署，尤其是協同李鴻章處理各國交涉事務，
事關李鴻章政治地位與前途，非洋務幹才不足勝任，調往台灣的黎兆棠是李
鴻章心目中最適當的人選，在北洋為重的考慮下，乃將黎氏迅速調往「津海
關道」，李鴻章這項決定，實在是輕視台灣之舉〔註13〕。

後期洋務運動中，李鴻章當然是劉銘傳推行洋務運動最重要主持者。可
是，當台灣洋務運動推行過程中，與李鴻章利益衝突時，李氏便不顧台灣當
局之立場，專以本身利益為重，運用個人權力，阻擾台灣當局之措施。例如
劉銘傳為台灣商務局購買「駕時」、「斯美」兩商船，欲推展台灣商務，後來該
局商務發達，對於獨佔中國航業之招商局，構成實際威脅，招商局與台灣商
務局乃發生尖銳而公開之衝突。招商局之實際支持者李鴻章，對劉銘傳之擴
展航運事業，與其重要利益發生牴觸，乃使用權力給予阻擾〔註14〕。

此事也足以說明李鴻章並未完全改變輕視台灣之根本看法，1895年中日
戰爭戰敗的中國，派遣李鴻章出使日本簽定馬關條約，在談判過程中，李鴻
章曾說：「以台灣而論，華人不善經營，有煤礦、有煤油、有金礦，如我為巡

〔註12〕李鴻章：《李文忠公全集》，奏稿，「保黎兆棠補津關道摺」（同治十三年十月
十六日），卷二十四，頁89。

〔註13〕戴國煇：〈清末台灣の一考察──日本による台灣統治の史的理解と關連し
て〉，《日本法とアジア，仁井田陞博士追悼論文集》，第三卷，勁草書房，1970
年5月30日，第一刷發行，頁278。

〔註14〕朱昌陵：〈劉銘傳與台灣近代化〉，《台北文獻》，6期，中華民國52年12月，
頁6。

Samuel C. Chu "Liu Ming-Chuan and Modernization of Taiwan", The Journal of
Asian Studies, No. 1, Vol. 23, 1963, P. 46.

撫，必一一開辦」〔註15〕，李氏於台灣將要割讓之時，方才覺悟要好好經營台灣，豈不是對他輕視台灣之舉的一項諷刺嗎？

曾國荃當時為兩江總督兼南洋大臣，中法戰爭期間，曾氏曾經由上海機器局籌撥前門礮十尊接濟台防，增強劉銘傳抗法的軍事力量〔註16〕。光緒十三年十二月，劉銘傳為籌煤礦經營資本時，曾國荃出資二萬元，協助劉銘傳經營基隆煤礦〔註17〕。就這兩件事而言，曾氏似乎極為支持台灣洋務運動。

然而詳細考察曾國荃與台灣洋務運動關係時，曾氏也有掣肘台灣洋務運動的情形。中法戰爭前，劉銘傳曾上奏請求兩江總督將澄慶、登瀛洲、靖遠、開濟四船遣回台灣供劉銘傳使用。由於此四船在兩江總督控制之下，曾國荃不願放棄對船隻之控制，故不獲准。事實上當時「南洋新購鋼快二船已到，合之舊輪，為用已數」〔註18〕，曾氏不願遣出上述四船，顯然是以自己之勢力範圍的防務為重，台灣則其次也。

光緒十一年十月，劉銘傳為解決台灣航運問題，曾以三萬八千兩購買「威利」輪船〔註19〕。同時又從招商局購得「富有」、「富美」兩船，閩省（包括台灣）船隻增多後，便與曾國荃發生相當之爭執。爭論之要點為曾氏認為「富有」、「富美」與「威利」均係「官輪」而非「兵輪」，按商船例章，受總理衙門管束，並應驗關完稅〔註20〕。劉氏則引用「永保」與「琛航」之前例，堅持此三輪免受累贅之管理〔註21〕，爭執結果劉氏失敗，於是乾脆將「富有」與「富美」二船歸還於招商局，以息爭端〔註22〕。此後即未聞有任何策動強

〔註15〕台灣銀行經濟研究室編印：《馬關議和中之伊李問答》，台灣文獻叢刊第四三種，頁34。

〔註16〕劉銘傳：《劉壯肅公奏議》第二冊，台灣銀行經濟研究室編印，台灣文獻叢刊第二七種，「恭報自津起程日期並遵旨會商情形摺」（光緒十年閏五月十六日天津發），頁163。

〔註17〕同上，第三冊，「官辦基隆煤礦片」（光緒十三年十二月），頁351。

〔註18〕同上，第二冊，「請飭南洋遣回四輪片」，頁167。

〔註19〕同上，頁252～253。

〔註20〕台灣銀行經濟研究室編印：《台灣海防檔》第二冊，台灣文獻叢刊第一一〇種，「南洋大臣曾國荃咨呈『威利』等商船改為官輪擬請另給官用牌照」（光緒十二年），頁87～88。

〔註21〕同上，「福建巡撫劉銘傳咨報『威利』官輪順搭客貨請援照『永保』、『琛航』兩船成案免由洋關查驗」（光緒十二年），頁88～91。

〔註22〕卞寶第：《卞制軍奏議》，卷十，頁3～4。轉引自 Samuel C. Chu, "Liu Ming-Chuan and Modernization of Taiwan", op. cit., P. 44.

制「威利」船遵守規章行事之舉動發生〔註23〕。

上述洋務官僚在台灣洋務運動期間可以說是支持此一運動的主要人物。但是從上面的探討中，也發現有掣肘或阻礙的情形。論者謂洋務官僚的洋務運動，求的是「自己之自強」，而非「全中國之自強」，就台灣洋務運動的實際發展過程中，李鴻章、曾國荃確曾為自己努力範圍之利益而不顧台灣洋務運動的情形而論，這種謀求自己勢力範圍之「自強」的情形，即國家缺乏一個統一領導中心的弊病，可以說是洋務運動無法使中國在短時間近代化的重要原因。

第二節　民間的動向

從來研究洋務運動者都偏重洋務思想家的分析、洋務官僚的政策分析，對於受洋務運動影響的另一個社會層面的反應則殊少注意；由於台灣洋務運動在本質上具有的特殊性，所以島民的反應也具有多面性。以下就台灣土著商人資本家的資本動向、地方士紳與洋務運動的關係兩方面，討論洋務運動期間島民之動向：

一、民間資本的動向

台灣洋務運動期間民間資本動向代表兩種意義，一是具有相當財力的商業資本家，在洋務官僚推動台灣資本主義化政策下，企圖利用資本主義經營方式創立事業，賺取利潤。二是如果上述商業家的投資可以得到順利發展，賺取相當利潤，而且官方站在助長其發展的立場，而不是站在壓制的立場時，則清末台灣洋務運動很有可能推動了台灣相當程度的工業化。

由於資料上的缺乏，無法詳細的了解洋務運動期間台灣民間之資本動向，但是從大稻埕茶葉界二五二家茶商的投資額達一〇七萬二千元來看，在台商民實在具有經營事業的財力基礎。這些商民，原來都是來自福建，「家在彼而店在此」的貿易商人〔註24〕，善於利用政治控制之漏洞、故鄉的連帶關係，出入東南亞進行貿易商業活動。劉銘傳也想利用這些商民關係，計劃振興台灣貿易，乃派遣商務委員李彤恩、張鴻祿至南洋諸島視察貿易情形，更積極

〔註23〕朱昌陵：前文，頁5。
〔註24〕徐宗幹：《斯未信齋文編》，台灣銀行經濟研究室編印，台灣文獻叢刊第八七種，「論郊行商賈」頁86。

展開勸誘閩南商人「來台合辦商務」〔註25〕。

為了拓展商務，劉銘傳設立了商務局，從民間招募股數，合資金五十萬元（約合銀三十五萬兩），官一商四〔註26〕，後者部分來自當地茶商〔註27〕，李彤恩負責招集商股投資基礎事業，各商都以購買輪船和建造台灣鐵路為主要之目標，其目的乃要改善台灣貨物島外運輸與島內運輸問題，以利貿易發展。一時民間踴躍投資，乃發行股數一百萬，其中股本七十萬金，現銀三十餘萬〔註28〕。因為各商議購商船先行開辦，劉銘傳乃就上述現金三十餘萬兩購買「駕時」、「斯美」二快船，這項資金的來源，其中三分之一來自台灣商民林維源招商認股（十一萬兩），三分之二來自盛宣懷招商認股二十二萬兩，又招商局搭股二萬兩，盛宣懷自搭一萬兩，〔註29〕。關於民間投資鐵路原本非常積極響應，後來因商務幹員去世或離去，加上工事進行不順利，使得民間不願再投資，最後由福建濟餉中撥出一〇四萬兩補充鐵路資金，並收回官辦力〔註30〕。

在煤礦經營方面，因劉銘傳屢次鼓勵商辦，刺激了商民試圖利用民間資本接辦官營機械煤廠。先是商人張學熙試圖以私人資本開發基隆煤礦；因資本並不雄厚（詳細資本不詳），無力購置全副採煤機器，後因虧本折本銀數千兩而退辦〔註31〕。之後，又因補用知府張士瑜招集商股六萬兩，合官方資本共十二萬兩試圖官商合辦，也因無法獲利，而商股「惟利是視」，在「無息可圖」下又退出〔註32〕。光緒十四年春，基隆煤炭木材公司總辦曾炳勳，計劃由香港及廣州華商認股合資六十萬，以包辦台灣煤炭及木材出口貿易，後因印發的計劃書謬誤百出，港粵華商即使已經認股，終仍相率退出〔註33〕。民間資本對煤礦的興趣在光緒十六年（1890年）六月又再度興起，由林維源招訪富商候選知府蔡應維、雲南候補道馮城勳、職員林元勝等，鳩集資金三十

〔註25〕劉銘傳：前書，「擬修鐵路創辦商務摺」（光緒十三年三月二十日），頁 268。

〔註26〕臨時台灣舊慣調會，《第二部調查經濟資料報告下卷》，東京，三秀舍，1905年出版，頁 330。

〔註27〕朱昌陵：前文，頁 5。

〔註28〕劉銘傳：前書，「台路改歸官辦摺」（光緒十四年十月十六日），頁 274。

〔註29〕李鴻章：《李文忠公全集》，電稿，卷十，台北文海出版社影印，頁 10。

〔註30〕劉銘傳：前書，「台路改歸官辦摺」（光緒十四年十月十六日），頁 274～275。

〔註31〕同上，「官辦基隆煤礦」（光緒十三年十二月），頁 351。

〔註32〕同上，頁 352。

〔註33〕Consular report for the year 1888 on the trade of Tamsui。轉引自黃嘉謨：前書，頁 220。

萬元，試圖與官合辦二十年，後因清廷激烈反對而作罷〔註34〕。除上述民間資本認圖接辦基隆煤礦外，更值得注意的是1888年民營煤礦（私人煤窰）的總產量約在二三、〇〇〇噸以上，超過官營煤礦之產量一七、〇〇〇噸〔註35〕，顯示了民間對產業經營之興趣極為濃厚；並且在1889年，台灣商人在基隆設立發昌煤廠（規模較小），使用機器製造煤磚〔註36〕。

在製糖業方面也有很重要的進展，例如1890年在淡水地區有利用洋式機械精製白糖〔註37〕，還有台南一帶也利用甘蔗壓榨機等〔註38〕。這些動向足以代表民間試圖以資本推動新的技術經營產業，改革傳統的經營方式，亦即以資本購買機器改變生產方式已經開始萌芽了。

從以上片斷的資料來看，洋務運動期間台灣民間試圖以資本投資近代產業的傾向極為濃厚，雖然洋務運動並未促成台灣工業化的萌芽與發展，但可以說已經推動了資本主義風氣，奠定了日後台灣經濟與工業發展的先決條件。

二、士紳階層的動向

清末台灣地方土豪士紳在洋務運動期間的動向，基本上可以分成兩個層面探討。第一個層面是台灣士紳支持洋務運動的動向，第二個層面是台灣士紳反對洋務運動的動向。

首先探討台灣士紳支持洋務運動的動向。前述台灣民間資本動向也可以代表商紳支持洋務運動的情形，事實上台灣士紳是協助推動台灣洋務運動的主要力量。

根據1905年臨時台灣舊慣調查會經濟資料調查報告記載：當時台灣一般中層階級資產平均約在四、〇〇〇～一〇、〇〇〇元之間，但全台有五十萬元以上資產者有板橋林本源、台北李春生、新竹鄭如蘭；中部阿罩霧（今霧峰）林烈堂（林朝棟堂弟）、林季商（林朝棟之子），新庄仔庄吳鸞旂，清水蔡蓮舫；南部苓雅寮庄陳仲和（陳福謙後代）〔註39〕。從這項1905年資料，可

〔註34〕劉銘傳：前書，「基隆煤礦仍改歸商辦片」（光緒十六年六月），頁365。
〔註35〕孫毓棠：《中國近代工業史資料第一輯》下冊，「關冊，1888年分（下篇，頁292），淡水」，頁599。
〔註36〕同上，頁1168。
〔註37〕同上，「關冊，1890年分（中文版，頁83），淡水」，頁1015。
〔註38〕同上，「關冊，1891年分（中文版，頁83），台南」，頁1015。
〔註39〕臨時台灣舊慣調查會，《第二部調查經濟資料報告》，下卷，東京，三秀舍，

以知道清末台灣社會最具影響力的階層大部份是買辦、豪紳（通常也是大地主）；買辦因與外商接觸，洞悉國際市場行情，常可由受僱於外商轉而自己經營致富，如李春生、陳福謙等均屬之；豪紳因擁有武力在取得製茶地或製腦地時原可優先致富，又因撫番以保障茶葉腦業亦為政府所重視，豪族的武力遂進而為政府所援引，而可獲取官職，如霧峰林朝棟、新竹林汝梅、士林潘永清、苗栗黃南球、板橋林維源均屬之〔註40〕。

這些紳商對洋務運動都是採取支持的態度；如劉銘傳計劃在台灣建造鐵路，台灣「商民既多樂赴，紳士絕無異辭」〔註41〕，理由是「台灣與內地情形迥殊，紳商多涉外洋，深明鐵路大義」〔註42〕。又劉銘傳架設台灣電線，曾考慮萬一政府無法負擔電線經費時，計劃由台灣民間捐助，因「台地安設電線，於茶商最為得益〔註43〕，乃與商人議定：「如三年內釐金收數不敷，電價由商捐助」〔註44〕。

事實上台灣紳商支持洋務運動，在丁日昌時代就可看出其動向。當丁氏倡設台灣鐵路時，原先認為台灣礦土甚多，輪路不致礙及廬墓，因此不用耽心洋務運動破壞「風水」而引起「百姓怨嗟」與反對洋務運動〔註45〕。然而台灣紳商板橋林維讓、林維源了解丁巡撫欲在台灣開辦礦務鐵路後，即捐銀五十萬兩，作為洋務運動之經費〔註46〕。台民紳商不但沒有消極地反對洋務運動，而且積極地捐款表示支持（洋務運動期間，板橋林維源共捐款達一九九萬九千四百元）。

劉銘傳時代台灣紳商支持洋務運動的代表者，北部有林維源，中部有林朝棟。林維源除捐款支助洋務運動外，並實際協助劉銘傳推行新政，如負責全台撫墾事務，振興產業（多由林氏籌劃），協助清丈土地（解決北部茶園課

　　　　1905 年出版，頁 516。

〔註40〕林滿紅：《茶、糖、樟腦業與晚清台灣》，台灣銀行經濟研究室編印，台灣文獻叢刊第一一五種，中華民國 67 年 5 月出版，頁 84。

〔註41〕劉銘傳：前書，「擬修鐵路創辦商務摺」（光緒十三年三月二十日），頁 270。

〔註42〕同上。

〔註43〕同上，「購辦水陸電線摺」（光緒十二年八月廿八日），頁 258。

〔註44〕同上。

〔註45〕台灣銀行經濟研究室編印：《清季台灣洋務史料》，台灣文獻叢刊第二七八種，「福建巡撫丁日昌奏統籌台灣全局擬開辦輪路、礦物請簡派熟悉工程大員駐台督理摺」（光緒二年十二月十六日）頁 13～15。

〔註46〕李鴻章：《李文忠公選集》，台灣銀行經濟研究室編印，台灣文獻叢刊第一三一種，頁 272。

賦問題），築基隆港（林氏任總辦）〔註47〕，協助興修鐵路，經營礦務，拓展商務等。劉銘傳購買「駕時」、「斯美」兩快船的經費，其中三分之一就是林氏招商認股而來。

　　光緒十六年（1890年）二月，日本駐福州領事上野專一（1856～1939，享年八十三歲）視察台灣，曾到板橋拜訪林氏，上野說：

> 林維源君，現任職台灣撫墾欽差大人，為劉銘傳事業之幫助人物，
> 乃台灣一大資產家，現有財產四千萬兩。其年五十四，為全島人民
> 所厚望，特別是台灣、淡水地方的土地大概都歸林氏所有；這樣富
> 有的資產家，深得商民尊敬，因而時下開拓、建設諸般事業，皆須
> 依靠林之助力，林氏的向背同地方的榮枯有相當程度的關係〔註48〕。

依上野氏的記載，更可明白林維源在台灣洋務運動中的地位，乃劉巡撫實施新政的主要推手之一。

　　林朝棟是中部士紳支持洋務運動的代表人物。清末霧峰林家是當時台灣少數「大家」之一。林朝棟和其族人林文欽在1880年代領導整個家族，交結新任的省級官員；同時新任的巡撫亦需地方有力家族的支持，林朝棟便藉著這個機會，擴大林家之權力與財富〔註49〕。

〔註47〕有關板橋林家的研究，可參考：
　　（1）吳守璞：〈林本源家小史〉，《台灣風物》，第2卷第3期，民國41年5月1日。
　　（2）陳漢光：〈林本源家小史〉，《台灣風物》，第15卷第3期，民國54年8月30日。
　　（3）史維濂、王世慶：〈林維源先生事蹟〉，《台灣風物》，第24卷第4期，中華民國63年12月31日。
　　（4）Kyoko Ishikure, "The Lins of Pan-Ch'iao", The Journal of the Blaisdell Institute, No. 2 Vol. IX, 1974.
〔註48〕參謀本部：《台灣誌》明治二十八年一月編，同七月十三日發行，頁192。
〔註49〕有關林朝棟的研究有
　　（1）鄭喜夫編著：《林朝棟傳》，台灣先賢先烈專輯第四輯，台中，台灣省文獻委員會編印，中華民國68年4月。
　　（2）Johanna M. Meskill, "The Lins of Wu-feng : The Rise of a Taiwanese Gentry Family", Leonard H. D. Gordon（ed.）, Taiwan: Studies in Chinese Local History（New York: Columbia University Press, 1970），PP. 6～21.
　　（3）J. M. Meskill 著，溫振華：〈霧峰林家——一個台灣士紳家族的興起〉，《台灣風物》，第29卷，第4期，頁11～16。
　　（4）Johanna M. Meskill, A Chinese Pioneer Family: The Lins of Wu-feng, Taiwan, 1729～1895（Princeton: Princeton University Press, 1979）。

法軍侵台期間，林朝棟自動提供兵勇禦敵，引起劉銘傳的注意與重用，從此林氏與劉銘傳保持親密的關係。在劉銘傳的領導下，擔任許多職務，一度任職營務處，掌握中部重要武力；後在撫墾局，並曾伐兵剿番。光緒十四年（1888 年），彰化地區反對劉氏的土地調查與賦稅改革，發生施九緞之亂，林朝棟奉命將亂平定〔註50〕。

光緒十二年（1886 年）劉銘傳實行樟腦專賣政策就是由林朝棟和林維源共同建議的〔註51〕。劉銘傳為酬勞林朝棟對他的忠誠與支持，曾給予林氏「林合」墾契，林朝棟乃與族人林文欽（林獻堂的尊人）組織「林合」開墾公司，開墾中部沿山之野及近海腹地。更取得中部樟腦開採專賣權，因而獲利頗大，林朝棟成為 1890 年代初期以前中部的樟腦大王〔註52〕。

另外，光緒十三年（1887 年），劉銘傳在苗栗成立礦油局，由林朝棟兼辦。為建設鐵路劉銘傳設立伐木局，生產枕木，也由林氏主其事〔註53〕。

從板橋林維源與霧峰林朝棟的個例中，足以說明洋務官僚在台推行新政，依賴士紳支持；但是士紳更藉著與政治的結合，擴大其權力與獲取更多的財富。所以士紳支持洋務運動與他們的經濟活動的目的，有著很大的關連，他們支持洋務運動的結果也確實獲得極大的財富。

然而在洋務運動的施策中，固然有利於與官方結合的士紳，可是也有不利於其他社會階層之處，因而形成了反對洋務運動的士紳，其勢力地區以中南部為主，士紳中又以彰化有名的抗日詩人洪葉生為典型之代表人物（洪攀桂，學名一枝，字月樵；台灣淪陷後，改名繻，字棄生。原籍福建省南安縣，生於同治二年，卒於民國十八年。故洪炎秋先生的尊人）〔註54〕。

洪氏於光緒十九年二月（1893 年）於新莊作「問民間疾苦對」，嚴厲批評劉銘傳的新政（當時劉氏已離開台灣），認為過去劉銘傳所實行的「時政可汰也」〔註55〕。

〔註50〕同上。
〔註51〕劉銘傳：前書，第三冊，「官辦樟腦硫磺開禁出口片」，頁368。
〔註52〕J. M. Meskill 著，溫振華譯：前文，頁7。
〔註53〕鄭喜夫：前書，頁84～85。
〔註54〕洪棄生：《瀛海偕亡記》，台灣銀行經濟研究室編印，台灣文獻叢刊第五九種，「弁言」，頁10。
〔註55〕洪棄生：《寄鶴齋選集》第一冊，台灣銀行經濟研究室編印，台灣文獻叢刊第三〇四種，頁51。

關於清賦問題，洪氏認為「台灣自加賦以來，農不聊生」；「台灣雖膏壤，而沙鬆土薄，地方易盡；非有隱匿，不能為繼」，「而此區區杯土，得數十萬財賦，民不窮且病耶，雖或素封之家提封千頃，入浮於出；加之無傷。而官所加者，仍加之於沾手塗足之農民也」〔註56〕，所以「田賦可汰也」。

關於抽釐問題，洪氏認為「自設卡之後，商無贏息；自徵稅之後，工鮮餘貲」〔註57〕。「台灣往歲徧設釐卡，無物不稅，無貨不徵；商人之利仍加諸農，是商困而農益困也。且深山之中，薪木之采，乃匠人冒險之行；非有厚利，斷不可安。況台灣菁華漸落，采木者為利，今亦無夥；依然徵稅如商，故工人今皆有重足之色」〔註58〕，所以「釐稅之可汰也」。

關於洋務建設問題，洪氏認為「或謂台灣增設機局、添造鐵路，籌費之繁過於軍旅；汰此巨款（指釐稅、田賦），則工費無門；不知機器實無益之用，亦可汰也。國家利器，在人而不在物。薄稅斂、寬政事，民悅守固，不啻有磐石、泰山之重；機器亦何為乎！若剝喪元氣，即鐵甲之船滿鹿耳門、開花之礮及雞嶼，竊恐藩籬洞開耳。至於鐵路種種流弊，參議劉雲生前曾有萬言奏疏，極論其非；抑又不足辨耳」〔註59〕。

光緒十九年（1893年）五月洪氏作「防海論」中又說：「台灣邇年創造鐵路，勞民傷財，無益國事」〔註60〕。洪氏對洋務建設的批評，從以下二首詩亦可見其一斑。

（一）鐵車路

聲轟轟，如霆雷；火炫炫，如流電。雙輪日馭速催行，回頭千里忽不見。抵掌欲笑夸父遲，輪台一日周圍徧；西人逞巧亦良危，顛躓往往艱一線。我道帶礪在河山，絕幽鑿險山河變；自古眾志方成城，不聞鐵車與敵戰！又況勞民復傷財，民窮財盡滋內患；台灣千里如金甌，渾沌鑿死山靈顛。有潦、有流間其間，不能飛渡復中斷；借問鐵路何時成？請待天鑪為燼炭〔註61〕。

〔註56〕同上。
〔註57〕同上，頁50。
〔註58〕同上，頁51。
〔註59〕同上。
〔註60〕同上，頁58。
〔註61〕同上，第二冊，頁241〜242。

（二）機器局

> 乾坤火器不敢逞，上有炎輪下有炎井；大塊水機不敢作，西有弱水東
> 湯谷。氣機潛藏一朝開，千山萬山鬼神哭；機械循環何時窮？生民萬
> 類皆荼毒。時勢所趨亦難止，竭力為之將胡底！損傷元氣民怨咨，台
> 灣胺削痛膚理。加賦徵商罄國貲，機器局中貯禍水。國家自強在無形，
> 銷金鑠石通精誠；西洋有道不在器，惠政善謀無不興。國強不聞恃險
> 馬，區區利器何足行！外雖示勇中心怯，西人亦豈畏虛聲！〔註62〕

當時洪棄生年約二十五歲，為一年輕儒者。洪氏是因為「儒化」
（Confucialization）太深而成為傳統保守主義者，故極力反對「西化」呢？或
是不滿洋務運動增加人民的稅款，因而反對洋務運動，這個問題從清末一般
台灣民眾批評劉銘傳的情形〔註63〕，或從劉銘傳新政中之缺點來看，就可明
白洪氏批評洋務運動的歷史背景。

事實上當時台灣民眾反對劉銘傳，並不是反對洋務建設〔註64〕，民眾反
對的重點是為進行洋務建設而向百姓課征各種稅捐，其中以清賦引起的敵對
勢力為最大。中南部反對特別激烈，乃因劉氏將清賦、稅釐之財政收入，集
中投資於台灣北部，南部民眾對劉銘傳的新政之認識，也就極為淺薄。對新
政無從認識，又增加稅的負擔，是促成民眾反對劉銘傳的主要因素。洪氏反
對劉銘傳的新政，與其說受傳統文化因素影響所致，勿寧說洋務建設加重人
民負擔，洪氏基於同情人民的立場而反對洋務運動。

第三節　外國勢力的動向

列強對台灣種種的侵略活動，是促成洋務運動在台灣推行的因素之一，
在第一章第三節已有詳細探討。本節所要討論的是洋務運動期間，外國勢力
在台灣的動向。洋務運動的主要項目如購買西洋槍礮、機器，或加以仿照等，
都須與西洋國家勢力集團發生密切的關係。

〔註62〕同上，頁242。
〔註63〕請參閱 Playfair G. M. H., "A Paspuinade from Formosa", China Review, XV11
（1888～89），PP. 131～35.
　　　　文中總共收錄二十四首台灣竹枝詞，按作者分析，這些竹枝詞充分表示當時
　　　　台灣民間對劉銘傳加課許多稅負的不滿。（此二十四首英譯之竹枝詞，筆者曾
　　　　花費許多工夫，尋找原文竹枝詞，惟至目前未有任何收穫）。
〔註64〕W. G. Goddard, Formosa: A study in Chinese history （Macmillan, 1966），P. 135.

影響台灣洋務運動的外國勢力，可以分成下列四種：

第一種是洋行與洋商

第二種是外交人員、稅務司人員

第三種工程技術人員

第四種歐美文化輸入者

由於筆者所見之資料都是片斷的，但從片斷的資料中，也可了解其中的主要動向。

清末外國勢力在台灣的活動極為活躍，主要原因是台灣有三大出口物，以及基隆煤礦。影響台灣洋務運動的外國勢力，依前述四種分類列舉如下：

第一：洋行與洋商

（1）英商怡和洋行　Jardine　Matheson　&　Co.——重要人物：施本思Donald Spance, James Keswick, William Keswick, H.C. Metheson.　主要活動：承辦水路電線、鐵路、槍礮、彈藥〔註65〕。

（2）德商泰來洋行　Telge & Co.——重要人物：李德；主要活動：承辦陸路電線、鐵路〔註66〕。

（3）美商旗昌洋行　Russell & Co.——重要人物：Francis Cass。主要活動：承辦駕時、斯美兩快船等〔註67〕。

（4）德商　Buchheister & Co.——主要活動：承辦火藥等〔註68〕。

（5）德商　Schultz & Co.——主要活動：承辦火藥等〔註69〕。

〔註65〕劉銘傳：前書，頁256～258、頁264～265、頁270～271等。怡和洋行有一大批檔案存在劍橋大學（Jardine, Matheson & Co. Archives, located in University Library, Cambridge, England），請參閱楊聯陞：〈劍橋大學所藏怡和洋行中文檔案選註〉，《清華學報》，新一卷，第3期，台北清華學報社出版，中華民國47年9月，頁52～56。

〔註66〕劉銘傳：前書，頁270～271，頁258。

〔註67〕同上，頁254～255。
　　　　有關旗昌洋行的研究，可參見劉廣京先生，其哈佛大學的博士論文。
　　　　另外在 Business History Review, Vol. 28, No. 2（1954）；Vol. 29, No. 2.（1955）發表有關旗昌洋行的經營。

〔註68〕North China Herald and Supreme Court and Consular Gazette, July 11, 1890, PP. 50～52; August 22, 1890, P. 227; quoted from W. M. Speidel, Liu Ming-Ch'uan in Taiwan 1884～1891（Yale University dissertation, 1967），P. 170。

〔註69〕Ibid.

（6）英商（？）Mitchell & Co.——重要人物：Sir William Armstrong。主要活動：承辦火藥等〔註70〕。

（7）大東北公司　Great Northen Telegraph Co.——主要活動：最先取得承辦閩台電線（後來因價格問題翻議）〔註71〕。

（8）德忌利士輪船公司　Doulgas Lapraik Co.——主要活動：壟斷台灣航運，並與劉銘傳競爭發展航業〔註72〕。

第二：外交人員、稅務司人員

（1）美使田貝　Charles Denby——主要活動：干涉稅釐、樟腦專賣，並曾訪台，接觸劉銘傳，建議美國在台設立領事館〔註73〕。

（2）德使巴蘭德　M. Von Brandt——主要活動：與田貝等外國公使聯合干涉稅釐、樟腦專賣〔註74〕。

（3）駐台英領事霍必蘭　Pelham L. Warren——主要活動：向劉銘傳抗議稅釐、樟腦專賣，並反應給北京駐華外使。〔註75〕

（4）兼管台灣美商事務廈門領事歐衛里　Wm S. Crowell——主要活動：干涉稅釐等〔註76〕。

（5）兼管台灣美商事務廈門領事壁洛　Edward Bedloe——主要活動：干涉稅釐等〔註77〕。

（6）淡水美知事戈蘭　T. G. Gowland —— 主要活動：干涉稅釐等〔註78〕。

〔註70〕 Great Britain, Embarsy and Consular Archieves located in the Public Record office, London, Fo 228/808（Tamsui）Frater to O'conor November 9, 1885, quoted from W. M. Speidel, op. cit., P. 165b.

〔註71〕 劉銘傳：前書，「購辦水陸電線摺」（光緒十二年八月二十八日），頁256～257。

〔註72〕 臨時台灣舊慣調查會，《第二部調查經濟資料報告》，下卷，明治三十八年五月十二日，頁330～310。

〔註73〕 黃嘉謨：《美國與台灣》，中央研究院近代史研究所專刊（14），南港，中央研究院近代史研究所，中華民國68年11月，二版，頁354～381。

〔註74〕 同上。

〔註75〕 同上。

〔註76〕 同上。

〔註77〕 同上。

〔註78〕 同上。

（7）淡水英署代理領事　Frederick S. A. Bourne——主要活動：建議基隆煤礦由洋人經營〔註79〕。

（8）淡水英署代理領事何蘭田　H. Holland——主要活動：熱心支持台灣西學堂〔註80〕

（9）淡水海關稅務司李華達　Walter Lay——主要活動：洋務運動之前期熱衷攢探台灣油礦〔註81〕。

（10）總稅務司赫德　Robert Hart（1835～1911）——主要活動：支持沈葆楨聘請洋礦師開採基隆煤礦〔註82〕。

（11）淡水稅務司好博遜　H. E. Hobson——主要活動：建議沈葆楨台煤減稅，使用機器開採基隆煤礦〔註83〕。

第三：工程技術人員

（1）法國人日意格　Prosper Marie Giquel（1835～1886）——主要活動：隨沈葆楨渡台處理日本撤兵，並與大北公司交涉承辦閩台電線〔註84〕。

（2）英籍礦師翟薩　David Tyzack——主要活動：開創基隆機器開採煤礦〔註85〕。

（3）大北公司代表恒寧生　J. Henningson——主要活動：在福州訓練電線學生，使台灣南部地區最早之電線，由中國人自己架設成功〔註86〕。

（4）英人工程師瑪理遜　Gabriel James Morrison——主要活動：為吳淞鐵路之工程師，曾渡台與丁日昌商討台灣設鐵路事宜〔註87〕。

〔註79〕 Great Britain, Foreign office, Diplomatic and Consular Reports on Trade and Finance, China: Reports for the year 1888 on the trade of Tamsui（Formosa）, P.3, quoted from Samuel C. Chu, "Liu Ming-Chuan and Modernization of Taiwan", The Journal of Asian studies, No 1, Vol. 23, （1963）, P. 39.

〔註80〕 Great Britain, Foreign office, Diplomatic and Consular Reports on trade and finance, China, "Report for the year 1891 on the trade of Tamsui, P.8, quoted from Samuel C. Chu, "Liu Ming-Chuan and Modernization of Taiwan", op. cit., P.52.

〔註81〕 黃嘉謨：前書，頁 332～334。

〔註82〕 沈葆楨：《福建台灣奏摺》，台灣銀行經濟研究室編印，台灣文獻叢刊第 332～334。
　　　孫毓棠：前書，頁 583～584。

〔註83〕 同上。

〔註84〕 《同治夷務始末》，卷 95，頁 24～26。

〔註85〕 沈葆楨：前書，「台北議購開煤機器片」，頁 590。

〔註86〕 中央研究院近代史研究所編：《海防檔（丁）電線》，第一九六號文，頁 233。

〔註87〕 呂實強：《丁日昌與自強運動》，中央研究院近代史研究所專刊（30），南港，中央研究院近代史研究所出版，中華民國 61 年 12 月初版，頁 306。

（5）德籍工程師碧加　Becker——主要活動：督造鐵路，興建大嵙崁溪灌溉渠道〔註88〕。

（6）英籍礦師、工程師瑪體蓀　H. C. Matheson——主要活動：經營煤礦，督造鐵路〔註89〕。

（7）丹麥籍工程師漢生　Emarnuel Hansen——主要活動：架設電線〔註90〕。

（8）英籍工程師坎培爾　G. Murvy Campbell——主要活動：督造鐵路〔註91〕。

（9）英籍工程師哥特瑞　H. E. Gottrell——主要活動：督造鐵路〔註92〕。

（10）英籍工程師瓦特生　W. Watson——主要活動：督造鐵路〔註93〕。

（11）德籍機械顧問布特勒 Count Butler——主要活動：監造台灣機械局，並監督該廠〔註94〕。

（12）軍事顧問 Lt. Hecht——主要活動：劉銘傳之軍事顧問〔註95〕。

（13）農業專家（茶）　Mr. Pinches——主要活動：來自印度阿薩密省，試驗改革種茶〔註96〕。

第四種：文化輸入者

（1）丹麥人哈契遜　W. D. Hutchison——主要活動：西學堂教習〔註97〕。

（2）英人布茂林　Pumllin——主要活動：西學堂教習〔註98〕。

（3）日人幕賓名倉信淳——主要活動：劉銘傳幕賓，談經學論時務、下棋。〔註99〕

〔註88〕Samuel C. Chu, "Liu Ming-Chuan and Modernization of Taiwan," op. cit., P. 49.

〔註89〕Ibid.

〔註90〕Ibid., P.48.

〔註91〕Ibid., P.49.

〔註92〕Ibid.

〔註93〕Ibid.

〔註94〕孫毓棠：前書，「捷報，1887 年月 27 日，卷 39，頁 455」，頁 5160。

〔註95〕Speidel, W. M. op. cit., P. 168.

〔註96〕Ibid.P. 355.

〔註97〕Samuel C Chu, "Liu Ming-Chuan and Modernization of Taiwan," op. cit., P. 52.

〔註98〕賀嗣章：〈產業開發及教育設施〉，《文獻專刊》，第 4 卷，第 1、2 期合刊（劉銘傳特輯），中華民國 42 年 8 月 27 日，頁 96。

〔註99〕「劉銘傳的日人幕賓名倉信淳」，《台北文物》，第 10 卷，第 2 期，中華民國 50 年 9 月，頁 47。

　　初期洋務運動期間，由於實際推展洋務的範圍很小，與外國勢力之間的關係就不若劉銘傳時代密切。沈葆楨議設閩台電線，曾由洋將日意洛與上海洋行大東北（大北）公司簽定合同〔註100〕，為經營基隆煤礦，總稅務司赫德、淡水稅務司好博遜曾積極建議沈葆楨實行台煤減稅，並代為聘請洋礦師翟薩來台，購買挖煤機器等〔註101〕。丁日昌時代，在煤礦經營方面，仍由翟薩繼續負責開採。在開採石油方面，聘請洋礦師負責試鑽，而淡水稅務司李華達此時熱衷鑽探台灣油礦。在架設電線方面，丁日昌充分利用大北公司代表恒寧生在福州電線學堂訓練中國電線人才，所以台灣最早（也是中國最早）的電線不必依賴外國人架設。在議設鐵路時，丁日昌曾請英人技師瑪理遜到台探測等。

　　從初期台灣洋務運動與外國人的關係，主要係依賴西洋的技術指導，其中以洋人培養中國電線人才一項稍有成就，是值得注意的一件事。

　　劉銘傳為增加財政收入支持洋務運動，乃整頓商業活動，實施稅釐與樟腦專賣政策，這個政策引起外商強烈的反對，透過領事人員交涉，領事人員交涉無法達到目的，交由北京各國駐華大使人員交涉，最後各國大使採取共同行動，逼迫清廷屈服，再由清廷命令劉銘傳改變政策（詳細情形見第四章第四節）。就外國勢力反對劉銘傳此項政策而言，一方面固然繼續擁有在台的商業特權與最大商業利益；另一方面反對劉銘傳此項政策的目的，是為防止假如劉銘傳在台灣爭回由中國管理商業活動的權力，可能影響中國大陸本土也採取對抗外商的政策，如此將大大地威脅外國勢力在中國的商業特權〔註102〕。所以外國勢力反對此項政策歷久不竭。

　　在洋務建設上，劉銘傳僱請了許多洋人工程師，在技術上劉銘傳的確必須依賴他們。另一方面，推行洋務的關係，台灣成為洋行競爭承辦洋務建設的最好市場。由於洋商競爭承辦洋務的結果，使劉銘傳得到許多方便。例如：承辦水路電線的怡和洋行，提供了有利於劉銘傳的承辦條件，在「分期付款」的方式下充分利用外資架設水路電線。

　　　　另據連雅堂著，《臺灣通史》，商務志，古亭屋書，中華民國62年6月15日，頁710：「聘日本人鑿井，曰自來水，汲者便之」，或係指名倉信淳之活動，延請日本人七里恭三郎在城內鑿井（台北市自來水園區網頁）

〔註100〕同註71。

〔註101〕同註82。

〔註102〕Speidel. W. M., op. cit., P. 395.

　　與劉銘傳接觸最密切的洋行有怡和、旗昌與泰來三家。怡和洋行代表英國的商業勢力，旗昌代表美國的商業勢力，泰來代表德國的商業勢力。這三家洋行彼此之間競爭得相當厲害，但也分別取得各種承辦權利，怡和洋行承辦水路電線與鐵路（台北——新竹），泰來洋行承辦陸路電線與鐵路（基隆——台北），旗昌洋行承辦兩隻快船等。承辦鐵路之權分別由英、德兩國洋行獲得，代表美國商業勢力的旗昌洋行無法獲得承辦權，引起駐華美使田貝的注意。田貝於光緒十四年四月初九日（1888.5.19）訪台時，曾就此事與美國在台有關人員商討此事〔註103〕。

　　田貝鑒於旗昌洋行的未能取得台灣訂辦鐵路的合同，仍引為很大的遺憾。事因美商雖然提供了美國最優良的器材承建鐵路，卻未能在標價上與人競爭，致為德商和英商分別取得承辦的權利。田貝認為美商們未能隨機減低標價，以爭取此項工作，確屬失策。因為即使是利潤不多或毫無利潤，而造成鐵路後所可獲致的聲望，勢必大為增加美國在台的影響力。美商們於事後雖然也都明白這些關鍵，已是後悔莫及〔註104〕。兼管台灣美商事務廈門領事歐衛里前此於各國商人初至台灣議估鐵路造價的時候，也很希望美商能夠攬到這批生意。他甚至主張美商應該行賄中國官員，以取得承辦權利〔註105〕。

　　事實上美國人擬在中國營建鐵路的企圖，由來已久。光緒十一年八月（1885年9月）美商代表魏爾森（James H. Wilson）即前來中國調查營建中國鐵路的可能性。次年五月（1886年6月），魏爾森便到了台灣，與劉銘傳商談鐵路建設事宜，終以當時台灣鐵路建設的計劃尚未成熟離去〔註106〕。

　　田貝在考察台灣後，認為為增進美國在台的商務利益，美國應該在台灣設立一個與其他任何領事館平行的完全領事館〔註107〕。田貝此種構想，其目的當然要擴大美國在台勢力，一方面有效的影響行政當局，一方面增強與其他各國外商互相競爭的能力。

　　又洋務運動購買西洋武器，因「各省委員承辦外洋槍炮等項，大抵與洋商勾結，以陳年廢棄之物作為新貨收買，……不堪使用；而虛費錢糧，為數

〔註103〕黃嘉謨：前書，頁392。
〔註104〕同上。
〔註105〕同上。
〔註106〕同上，頁392～393。
〔註107〕同上，頁390～391。

不可勝計」〔註108〕。洋務運動大量購買西洋武器，恰巧給貪污、腐敗、不負責任的官僚製造了貪污的大好時機，結果中國花費大批金錢，卻買回西洋舊式武器。換句話說，洋務運動等於為洋人開闢了一個最好的舊式武器的市場〔註109〕。

例如「同治十三年日本琅璠事起，台灣辦理海防至今（光緒二年十二月）共計用餉四百餘萬，淮軍月餉尚不在內。倘海上仍有波瀾，又需另起爐竈，大費張羅」〔註110〕。從同治十三年到光緒二年底，台灣軍事花費（不包括淮軍月餉）共計四百萬兩，結果毫無增強軍力，其中緣故就是以大量的財錢買回舊式武器。丁日昌就指出實際的情形，如「安平礮台連礮費至四十萬兩，尚非泰西新式」〔註111〕。

洋務官僚向西洋買入大量的舊式武器，在抵禦外侮時當然無法產生作用，不過舊式武器仍然是鎮壓內亂的優良武器。除洋務官僚或承辦委員與洋商勾結的因素外，造成歐美舊式武器銷售到中國的主要原因，應該尚包括列強不願提供最新式武器賣給中國的因素。如果中國擁有西洋最新式武器，當然不利於外國勢力在華從事擴張活動。

劉銘傳非常注意這個問題，除了嚴禁承辦委員與洋商勾結外，還特別注意監督洋商，避免偷工減料。例如：由怡和洋行承辦的一批武器買賣，即定購三十一尊大礮，原先由美商旗昌洋行以六十四萬議辦，後來怡和洋行減價四萬兩承辦。劉銘傳為防止怡和洋行以低價承辦供應劣貨的弊端，乃要求駐英國參贊知府李經芳親赴礮廠察看，並僱員駐廠監視〔註112〕。

雖然劉銘傳很謹慎地防止洋行偷工減料，避免他們供應劣貨，但是劉氏所購買的大礮，是否為歐美新式武器呢？仍是值得懷疑。光緒十六年二月來台視察的日本福州領事上野專一，就指出劉銘傳買進之大礮軍器，「幾乎很

〔註108〕台灣銀行經濟研究室編印：《劉銘傳撫台前後檔案》第一冊，台灣文獻叢刊第二七六種，「台灣府轉行上諭各將軍督撫嚴察各省委員承辦外洋槍礮等項」，頁68～70。

〔註109〕戴國煇：前文，前書，頁286。

〔註110〕台灣銀行經濟研究室編印：《清季台灣洋務史料》，台灣文獻叢刊第二七八種，「福建巡撫丁日昌奏統籌台灣全局擬開辦輪路、礦務請簡派熟悉工程大員駐台督理摺」（光緒二年十二月十六日），頁9。

〔註111〕同上。

〔註112〕台灣銀行經濟研究室編印：《劉銘傳撫台前後檔案》第二冊，台灣文獻叢刊第二七六種，頁173。

少能夠適用」〔註113〕。

　　總之，台灣洋務運動期間外國勢力的動向，一方面積極尋求承辦洋務建設獲取商業利益，所以非常支持新政。另一方面，洋務運動如果稍為妨礙外國勢力的商務利益，便採取直接或間接的反對行動，歷久不竭。

〔註113〕參謀本部：前書，頁186。

結　論

　　洋務運動是英法戰爭（1860 年，又稱第二次鴉片戰爭）開始到甲午戰爭
（1894 年）之三十五年間，清廷官僚中帶有買辦性格的實權派（即洋務派），
以資本主義的面貌，試圖維持舊傳統治體制的一種自救運動。即為鎮壓「內
亂」——尤其是以太平天國為主的農民運動——和抵抗「外壓」——外來的
軍事威脅——為其主要目的，以軍事為中心所進行的一種近代化運動。但是，
為配合軍事工業的成長，和為強化防務，也實行開發產業的政策，結果，自
然而然地也促成了近代民主工業的興起〔註1〕。

　　受 1874 年台灣事件危機的衝擊，洋務官僚為了確保東南七省的安全與洋
務成果，在台灣展開了初期的洋務運動。台灣事件危機後的第十年，亦即在
1884 年的法軍侵台事件之危機下，洋務官僚又進一步展開了台灣後期的洋務
運動。就洋務官僚而言，在「外壓」下為了防禦大陸本土的國防需要，而在台
灣展開了幾乎完全「以禦外侮」為出發點的洋務運動。

　　就洋務運動的背景與環境而言，清末的台灣是中國最適於推展洋務運動
的一個區域，特殊的社會經濟環境促成了台灣內部一種由下向上要求推展經
濟發展的動力，在這股民間動力的配合下，使台灣洋務運動成為真正的洋務
運動。

〔註 1〕戴國煇：〈清末台灣の一考察——日本による台灣統治の史的理解と関連し
　　　　て〉《日本法とアジア，仁井田陞博士追悼論文集》，第三卷，勁草書房，1970
　　　　年 5 月 30 日，第一刷發行，頁 272。
　　　　關於洋務運動的解釋，可參閱《社會科學大事典》（東京，株式會社鹿島研究
　　　　所出版會，1972 年 1 月，第三刷），第 18 期，頁 238～240，「洋務運動」。

　　當時台灣的社會經濟型態所具有的特殊條件如次〔註2〕：

　　（1）具有相當規模的經濟發展，是一種以國際市場為取向的商業性經濟型態。

　　（2）由於上述的經濟規模，使台灣成為近代中國唯一足以對抗列強傾銷大量鴉片的地區，因而在社會經濟結構上，台灣不是走向瓦解的過程，而是朝向發展的過程。

　　（3）台灣的社會結構已經形成廣大的中間階層（其數量可能比近代歐洲多很多〔註3〕，這股中間階層乃是在小農經營為基礎發展而形成的小租戶勢力。

　　（4）在對外貿易經濟形態下，台灣已經育成一群明瞭國際情勢、與國際市場行情的商業資本家。

　　這樣的社會、經濟結構，顯然有利於推行洋務運動。社會經濟型態有利於洋務運動的推展外，在文化背景與島民心理方面，台灣的條件也是有利於洋務運動的推展。洋務運動在大陸本土推展過程中，傳統　文化為阻礙的重要因素之一，如 Mary C. Wright 說：「（中國）對現代世界成功的適應之阻礙，並不是帝國主義的侵略、滿州的統治、滿清官吏的愚蠢，最重要的阻礙因素乃是儒家思想的元素」〔註4〕。阻礙中國現代化主要元素的儒家思想，所構成的傳統文化，就當時的台灣社會是否也成為台灣近代化的阻礙因素呢？移墾社會的台灣，在文化上儒化的程度是否與大陸本土一樣？研究「清代台灣社會的轉型」的李國祁先生說「……在時間上，漢居民地區的內地化在十九世紀七十年代業已完成，而番民的歸化因光緒前期治台官員的積極經營，至十九世紀末亦大體完成，故台灣社會內地化作用在中日甲午戰爭前業已完成」〔註5〕。從這個論點，至少提供吾人做以下的推論：由

〔註2〕請參閱本論文第一章第四節台灣洋務運動的特殊性。

〔註3〕Ramon H. Myers, "Taiwan under Ching Imperial Rule, 1684～1895: The Traditional Society", The Journal of the Institute of Chinese Studies of the University of Hong Kong, No.2, Vol. 5, 1972, P. 429.即該文註37記道：從日本人在台灣的第一次人口普查詳細的量化分析及職業結構的比較，可粗略的估計出中間階層的數字。……很可能台灣傳統社會中間階層化比近代歐洲還要多很多。

〔註4〕Wright, Mary C., The Last Stand of Chinese Conservatism: The Tung-Chih Restoration, 1862～1874（Standford, 1957）, P. 10.

〔註5〕李國祁：〈清代台灣社會的轉型〉，《中華學報》，第10期，中華民國67年，頁158。

移墾社會型態方轉為文治社會型態的台灣，其社會內地化雖已完成，但在構成傳統化網路的程度上，台灣社會必然異於大陸本土。丁日昌曾深切體認台灣與內地在條件上的不同，他說：「不知台灣係屬海外，與內地情形迥然不同」〔註6〕，如「『風水』之說亦未深入膏肓」等。亦即，台灣社會受傳統文化的束縛程度，遠小於大陸本土。連溫卿在探討「台灣文化的特質」一文中，曾經指出，清代台灣的文化，「內容是屬於小市民主義的，形式卻是屬於封建主義的，本質是商業資本的文化」〔註7〕，這種傾向可以推想必然有利於洋務運動的推展。

另外，島民的心理特徵也是有利於洋務運動的推展。早期移民台灣者，不管是墾戶、佃丁或是遨遊四方的流浪漢（羅漢腳），都有強烈的「功利」特徵。諸羅縣志（1717）賦役志曾這樣說明：

> 此邦士民甫集中澤，非有蠅頭為戀，亦孰肯舍祖宗之丘墓，族黨之團圓，隔重洋而渡險，竄處於天盡海飛之地域〔註8〕。

李國祁先生以台灣內地化為主題的研究論文，有〈清季台灣內地化政策創始者——公忠體國的沈葆楨〉（《幼獅月刊》，第44卷，第5期，頁39～45）。〈清季台灣的政治近代化——開山撫番與建省（1875～1894）〉（《中華文化復興月刊》，第八卷，第12期，頁4～15）。

林滿紅認為李國祁以「台灣的內地化」描述清末台灣儒化及政府力量加強的現象，有時會使人誤以為台灣至清末才內地化。而事實上，台灣自漢人移入以來即不斷在內地化。林滿紅進一步說，無論清初、清末，台灣均在內地化，但清初台灣引入的內地文化以內地的傳統文化為主，清末則進而大量引入內地的大傳統文化（請參閱林滿紅：〈貿易與清末台灣的經濟社會變遷——1860～1895〉，《食貨》，復刊第9卷4期，中華民國68年7月20日，頁32）。但吳密察、黃富三先生卻提出另一種不同的看法。如吳密察先生認為：李國祁先生以為十九世紀後半中國的近代化為一向外的傾向，但李先生卻又認為清代近代化最徹底的沈葆楨、劉銘傳等人的在台建設為向中國內地化的趨勢，在解釋上有一點立場移動的問題，也就觀點的不一致（王曾才主編，《台灣史研究會紀錄》，國立台灣大學歷史系印行，中華民國67年6月出版，頁69）。

〔註6〕丁日昌：「福建巡撫奏統籌台灣全局擬開辦鐵路、礦務請簡派熟悉工程大員駐台督理摺」（光緒二年十二月十六日），《清季台灣洋務史料》，台灣銀行經濟研究室編印，台灣文獻叢刊第二七八種，頁13～15。

〔註7〕連溫卿：〈台灣文化的特質〉，《台北文物》，3卷，2期，中華民國43年8月20日，頁121。
或參閱同作者：〈台灣民族性の一考察（一）〉，《民俗台灣》，1卷4號，頁2～4。

〔註8〕周鍾瑄修：《諸羅縣志》（康熙五十六年，1717），台灣銀行經濟研究室編印，台灣文獻叢刊第一四一種，賦役志，頁83。

在這種強烈的「功利」動機下，「內地無業之民，視台地為樂土，冒險而趨，絡繹不絕」﹝註9﹞。移民甘冒生命的危險渡台開墾，當然受求利動機的趨使。但是這種功利心理，並不只是初期移民者特有的心理特徵，土著化以後的島民，仍然具有功利的心理。

十九世紀中期以後，北部的茶逐漸成為台灣利源甚厚的農作物，農民在有利可圖的趨使下，乃「競植以為利」。葉文瀾就親身所見指出：

> 淡水之種茶也，始於同治初年。嗣洋商有到該處販買出洋者，茶價驟高；農民趨之，競植以為利。所以海隅片土，市樓買船日聚月增﹝註10﹞。

當時在淡水英國海關任職的馬士（H. B. Morse）說得更為徹底：

> 三十年前，台灣北部可耕種的土地，大部份用來種植稻米，……然而，自從茶農在高地種植茶葉之後，每年來此揀茶、買賣茶葉的，便愈來愈多。不僅如此，隨著茶葉需要量的增多，不少永久性的集散地，也跟著建立起來。由於種茶的人愈多，而種稻者，則愈來愈少﹝註11﹞。

土著化的島民偏好種植那類農作，完全著眼於賺取更多的利潤之上，而且這些較高的利潤，很重要的部份，多係由對外貿易而來﹝註12﹞。這就是台灣島民求利的心理特徵。島民求利的心理特徵，其內涵乃是適應變遷的心態，在心理上能夠接受新的刺激，而作有利於自己的適應與變遷。台灣產業的發達、經濟的繁榮，與島民的心理特徵息息相關。從島民的心理特徵而論，台灣的環境也是有利於洋務運動的推展。

就社會經濟型態、文化特質，與島民的心理特徵而論，台灣可以說是最有利於推展洋務運動的地區，亦即台灣在內部的條件上具有傾向近代化的可能性。然而清末的台灣，列強視為「天與之寶庫」，而清廷卻仍以為是「化外

﹝註9﹞ 莊金德：〈清初禁海政策的實施及其影響〉，台灣大學《考古人類學刊》，第28期，中華民國55年，頁66～69。

﹝註10﹞ 台灣銀行經濟研究室編印：《清季台灣洋務史料》，台灣文獻叢刊第二七八種，「閩浙總督文煜等奏請專派葉文瀾駐台督辦煤廠等件並察看硫磺、磺油、樟腦、茶葉各情形設法開採摺」（光緒二年八月二十四日），頁5。

﹝註11﹞ 參閱本論文第一章第二節與該章註67。

﹝註12﹞ Ramon H. Myers, "Taiwan under Ching Imperial Rule, 1684～1895 : The Traditional Economy", The Journal of the Institute of Chinese Studies of the University of Hong Kong, No. 2, Vol.5, （1972）, P. 377.

之民」。台灣洋務運動比大陸本土遲了十五年才開始，原因無他，台灣乃邊疆之地，清廷的統治階層沒有充份認識之故。

　　沈葆楨、丁日昌與劉璈等洋務官僚，在實地體察之後，能夠充份的認識到台灣具有經濟潛力，乃試圖積極在台灣推行洋務運動。但是他們推行台灣洋務運動的基本態度，卻是從確保東南七省安全與洋務成果的立場出發，如劉璈所說：

> 萬一台灣為彼所襲，地大物博，取多用宏，凡我所欲為不得者，彼
> 皆為所得為；南北洋務將無安枕之日，是誤台即誤國矣，由辦之不
> 早辦也〔註13〕。

可見，台灣洋務運動試圖「富島強兵」的目的，實際是站在擁護南北洋務的觀點，而不是站在以台灣為主體的觀點，在根本上的態度上，仍含有輕視台灣為次要之區的意味。牡丹社事件時，為協助沈葆楨處理危機而被派遣為「福建署理台灣道」的洋務幹才黎造棠，在日軍撤退之後，隨即為北洋勢力圈主腦人物李鴻章調任「津海關道員」（北洋洋務最重要的部署），便是輕視台灣的一個舉動。

　　雖然為維護南北洋務而推展台灣洋務運動，但是台灣洋務運動實際展開過程中，又遭南北派洋務官僚的掣肘，阻礙了台灣洋務運動的推行。明治維新如何促使日本近代化，洛克伍（William W. Lockwood 1906～1978）以為日本有國家主義的強硬感情，以及全國統一的力量，這是日本西洋化或現代化的基本衝力。然而中國的「儒教國家」（Confucian State），如費正清（John K. Fairbank）所說的，是「一個特殊的非國家的機構」（a peculiary non-national institution），缺乏國家觀念，其原因乃是中國官僚（或人民）沒有「國家層次的社會連帶感」（Social Solidarity at the national level），阻礙了中國的現代化〔註14〕。南北洋務官僚對台灣洋務運動的掣肘，在意識形態上是以自己本身的利益為本，而不是基於國家的利益為前提，這種一體意識或國家意識的缺如，以至其後中國的命運，不是向統一而獨立的國家進行，而是內地方割據的軍閥倒退〔註15〕。

〔註13〕劉璈，《巡台退思錄》，台灣銀行經濟研究室編印，台灣文獻叢刊第二一種，第三冊，「稟陳台防利害由」（光緒十年四月初一），頁256。

〔註14〕Lockwood, William W., "Japan's Response to the West, the Contrast with China", World Politics, No. 1, Vol. IX, （Oct., 1956）, P. 47.

〔註15〕許介鱗：《日本政治論》，台北，聯經出版事業公司，中華民國66年3月，初版，頁16。

　　又帝國主義與洋務官僚的買辦性格，也是阻礙台灣洋務運動的因素之一。劉銘傳時代進展全面的洋務建設，美國、英國與德國（洋務運動主要依賴）在台洋行爭相承辦各種近代化事業，與販賣各種西洋軍備武器，藉以獲取利益，並擴大在台的勢力與影響力。因此，當洋務官僚推展近代化事業，而與歐美列強的利益一致時，尚可順利的進行。但是在洋務運動展開過程中，稍有不利於列強利益的政策，列強便強行干涉，直接或間接的反對，歷久不竭。而且洋務官僚（尤其是實權派），對於列強的干涉行動，始終缺乏對抗的態度，反而屈服於列強的要求。洋務官僚這種買辦性格，形同為虎添翼，助長了帝國主義對中國的侵略野心。劉銘傳實行稅釐政策與樟腦專賣，就是在帝國主義的干涉與洋務官僚實權派的買辦性格下，終歸於失敗。

　　日本據台後於 1899 年實行樟腦專賣，雖有外商反對，日本政府仍不理會，而樟腦專賣終成為日本治台時四大歲收之一〔註16〕。同樣的政策，中國無法成功，日本卻完全成功，其根本的差異，乃對於帝國主義的侵略與干涉，日本運用國家的權力排除〔註17〕，而中國非但無法排除，反而屈服於帝國主義的要求，亦即日本採取國權主義的政策，而中國採取隸屬的買辦主義的政策。所以對於日本經過明治維新，能在短期間迅速的現代化，而中國經過洋務運動，遲遲不能進行現代化，日本當權者的國權主義，而中國當權者的買辦性格，可能就是使兩國在十九世紀末期步上不同命運的原因吧。台灣洋務運動所發生的例子，或許可作為反省這個問題的一個案例。

　　清末台灣，雖然是最有利於洋務運動的地區，但是在上述諸種條件的限制下，台灣洋務運動也只能有部份的成就，而無法達到「富島強兵」與近代化。雖然只是部份的成就，但是與整個洋務運動比較，大陸本土各省的洋務經營，歷時三十年，其成就能與台灣相比的，惟有李鴻章全力經營的直隸一省〔註18〕。台灣在短短數年內能成為中國最進步的行省，應歸功於開明的勇將劉銘傳的全力經營，與台灣島所具有利於推行洋務運動的特殊條件。

　　在台灣洋務運動推展過程中，至少有以下異於大陸本土的優點。台灣初期及後期洋務運動中，投入大量的軍備費用於台灣，結果還是與大陸本土一

〔註16〕　東嘉生：《台灣經濟史研究》，台北，東都書籍株式會社台北支店，昭和一九
　　　　　年十一月五日，初版發行，頁 373。
〔註17〕　東嘉生：前書，頁 373。
〔註18〕　郭廷以：〈台灣的開發與現代化（1683～1891）〉，載薛光前、朱建民主編：《近
　　　　　代的台灣》，台北，正中書局印行，中華民國 69 年 9 月，初版，頁 159～160。

樣，台灣也成為歐美舊式兵器的銷售市場。不過，與大陸本土有一點不同，就是除了討伐少數民族的「蕃亂」之外，這些武器被用來對內鎮壓島民的情形是比較少的。

更重要的優點是，洋務官僚在台灣所推展的各種近代化事業，乃是一種社會資本（基礎事業）的投資。並且在發展這些事業的過程中，尤其是在後期的階段，劉銘傳不斷鼓勵官督商辦或商辦企業，刺激了民間資本投資的活躍，此不僅沒有阻礙，扼殺民族資本的萌芽，更有加速民族資本成長的作用。推動台灣社會、經濟趨向資本主義型態發展，可以說是洋務派對台灣最大的貢獻。尤以「清賦」事業對此後台灣的社會、政治、經濟之發展，有深遠的影響。

劉銘傳的清賦事業，固然是以增加田賦收入為主，但具有改變土地制度，促使土地所有權近代化的功能〔註 19〕。清賦事業具有土地改革的性格，所以含有改變台灣社會經濟結構（確定土地所有權關係），抵制民間財富集中流向少數大地主，促進介於大中地主層與現耕佃戶之間的中間階層（小租戶）社會勢力的興起。這是扭轉台灣走向資本主義社會發展的一個重要轉捩點。亦即使台灣土地所有權邁向近代化，成為發展資本主義社會的一個動力。

又台灣割讓給日本後，土豪士紳，「家在彼而店在此」的富戶，（逃避對岸的大地主，如林獻堂的先代與板橋林本源家族的主要人物林維源等都是如此），及腐敗政權下的清廷官吏等紛紛逃走或避難，在腐敗的清廷正規軍潰退後，以激烈的游擊戰抵抗日軍的侵台，其真正的力量是以小農經營為基礎的小租戶與現耕佃戶諸勢力〔註 20〕。日本治台後，進行土地掠奪，於水田地帶以強硬的手段培植日本大地主，及成立「東洋拓植株式會社」的類似會社，也遭到武力抵抗，其抵抗勢力也以農民與小地主為主體〔註 21〕。小地主與農民成為抗日的主體，當然與劉銘傳的清賦事業確定了小租戶的土地業主權有相當的關係。

光緒 16 年冬 10 月，「而政府頗多掣肘，士論又譏其過激，銘傳知不可為」，奏請開缺，由布政使沈應奎護理，光緒 17 年（1891 年）春三月，以邵

〔註 19〕江丙坤：《台灣田賦改革事業之研究》，台灣銀行經濟研究室編印，台灣文獻叢刊第一〇五種，中華民國 61 年 6 月出版，頁 1。
〔註 20〕戴國煇：前揭文，頁 286。
〔註 21〕同上，頁 287。

友濂為巡撫，百事俱廢〔註22〕。台灣洋務運動雖然遭遇挫折，但有其一定的歷史意義。日本據台後，承續上述洋務運動在台的經營成果，從1898年起，逐步推行殖民地經濟體制〔註23〕。其殖民地經濟得以發展，使台灣在二十世紀初期即已步上現代化〔註24〕，上述清末台灣經濟發展的趨向，與台灣獨具的特殊條件，是最主要的關鍵。

因此，從清末台灣社會經濟發展所具有的特殊條件而論，洋務官僚不是從「化外之地」的台灣，使之成為最進步的行省。日本帝國主義，更不是從「化外之地」的台灣，使之步上現代化。「化外之地」台灣的觀念，應該打破。台灣百年來的現代化過程中，從清末以來以島民為主體的社會經濟發展，才是台灣現代化的主要衝力。

〔註22〕連雅堂：《臺灣通史》，古亭書屋影印，中華民國62年6月，頁1024。

〔註23〕涂照彥：《日本帝國主義下の台灣》，東京，東京大學出版會，1975年6月30日，初版，頁40～59。

〔註24〕松井孝野編：《一億人の昭和史（別冊）──日本植民地史三》，台灣，每日新聞社，1978年（昭和五十三年）9月3日發行，頁20。

日本人以為「日本的統治，帶來了台灣的近代化」，「台灣殖民地統治是成功的」，「台灣乃日本開發成功的」；這種論調普遍存在於日本人的意識中。有關批判這種統治者史觀的論調，可參閱王詩琅：〈日本治台政策試探〉（黃富三、曹永和主編，《台灣史論叢》，第1輯，台北，眾文圖書公司印行，中華民國69年4月，頁330～358）。

附錄：清末台灣洋務運動 1874～1891 年大事紀

1874 年（同治 13 年）

　　清日達成和議，台灣出兵的西鄉軍撤走。

　　根據船政大臣兼辦理台灣海防的沈葆楨建議，清朝從台灣南中北三路進兵，試圖開通蕃地。

　　設置團練（對民間壯丁施加軍事訓練）總局。

　　沈葆楨奏疏應將福建巡撫移駐台灣。

　　奏請架設閩台水陸電線。

1875 年（光緒元年）

　　新建制台灣地方官制、創設台灣（台南）、台北二府、卑南（台東）廳、恆春縣、淡水縣，將淡水廳和噶瑪蘭廳分別改成新竹縣、宜蘭縣。

　　福建巡撫於春冬二季分駐台灣。

　　解除進入蕃地之禁。

　　解除內地人民入台耕墾例禁。

1876（光緒 2 年）

　　分別建制鳳山童試考棚、宜蘭縣儒學。

　　台北設科舉考棚。

　　使用西洋機器開採八斗煤礦。

　　丁日昌奏請設台灣縱貫鐵路

　　丁日昌開採淡水、苗栗石油

1877 年（光緒 3 年）

　　恆春知縣周有基一行至紅頭嶼探險。

　　在阿里港建立雪峰書院。

　　台南至旗后，及台南至安平電線，由國人之手完成架設。

1878 年（光緒 4 年）

　　獎勵蕃人的撫育和蕃地的開墾。

1879 年（光緒 5 年）

　　編成《全台輿圖》、《化蕃俚諺》。

　　創立淡水縣儒學。

1880 年（光緒 6 年）

　　開始建立台北府城。

　　建立台北府儒學。

　　建立登瀛書院及其考棚。

1881 年（光緒 7 年）

　　將團練總局改成培元總局。

1882 年（光緒 8 年）

　　台北府城竣工。

1884 年（光緒 10 年）

　　劉銘傳就任福建巡撫（舊曆 5 月 8 日）。

　　清法戰爭波及台灣，法軍封鎖台灣的企圖沒有成功。

　　法軍占領基隆（舊曆 9 月 15 日），占領淡水（舊曆 10 月 8 日）。

　　將培元總局再度改為團練總局。

　　民眾破壞艋舺的基督教會堂。

1885 年（光緒 11 年）

　　劉銘傳就任台灣巡撫。

　　清法締結天津條約，法軍從台灣撤走。

1886 年（光緒 12 年）

進一步擴張兵備、修築砲台。在台北新設善後局與機器局。在台北建電報總局，在全島及對岸的福州架設電線，同時創設電報學堂。

設立清賦局，著手測量全島田地。

設撫墾局，建蕃學堂，頒布隘勇制。

在台南城內設立蓬壺書院。

巡撫劉銘傳親自進行為期四個月的蕃社討伐。

奏請樟腦專賣，遭列強共同干涉反對。

1887 年（光緒 13 年）

台灣改成省制；在台北、台灣、台南設府；台灣縣改為安平縣，舊台灣府改成台南府。將台灣府和省城新設於彰化；新設雲林、苗栗兩縣和台東直隸州。

設立臺灣鐵路總局。

開始敷設台灣鐵路（台北——基隆）。

購入汽船，計畫與對岸及南洋通航。

創設西學堂。

在苗栗建立英才書院。

在新竹縣設考棚。

據清賦丈量（土地丈量）的結果，改定田賦稅率。

淡水、川石山間水路電線安設完成，安平至澎湖安設完成。

1888 年（光緒 14 年）

設郵政總局。

陸路電線，台北到台南及台北到滬尾，基隆完成接通。

新設基隆、埔里社兩廳。

邵友濂、劉璈分別就任布政司和按司道。

林維源（林本源家當家）就任台灣幫辦撫墾欽差大臣。

在台北開設電汽燈（瓦斯燈），在巡撫衙門、布政衙門、機器局及艋舺市街地點亮。

大稻埕鐵橋竣工。

彰化施九緞以索焚文單為名，圍攻彰化城。

1889 年（光緒 15 年）

在台灣府（彰化）築城，工程開始。

在彰化城內創建台灣府儒學，又設考棚和宏文書院。

1890 年（光緒 16 年）

開放鑄造銀幣。

基隆鐵路敷設中，工人在八堵發現砂金。

劉銘傳巡撫辭職，由沈應奎代理。

1891 年（光緒 17 年）

台灣鐵路從基隆經台北延伸到埤角（新莊、桃園間）。台北基隆鐵路通軍。

建立臺灣省城（台中）儒考棚。

台灣省城工事中止，將省都從彰化移到台北。

邵友濂出任台灣巡撫，計畫縮小建設事業。

設立台灣通志總局，大大地收集史料。

資料來源：參考連雅堂《臺灣通史》，經營紀，古亭書屋影印，中華民國 62 年 6 月，
頁 95～99，及戴國煇：《戴國煇全集 6》，〈晚清朝台灣農業的概貌──藉
日本密探及外交官等報告之剖析三，上野專一的經濟、貿易情況調查〉，
遠流出版事業有限公司，民國 100 年 4 月，頁 103～106。（刪去明治年，
並略有增加記事）

參考書目

一、中文部份

（一）文獻

1. 中央研究院近代史研究所編：《海防檔丁電線》，中華民國 46 年 9 月，初版。

2. 中央研究院近代史研究所編：《海防檔丙機械局》，中華民國 46 年 9 月。

3. 文慶等修纂：《籌辦夷務始末》（道光朝），台北，文海出版社，中華民國 55 年 10 月影印。

4. 王彥威等編：《清季外交史料》，台北，文海出版社影印，中華民國 52 年 3 月。

5. 王先謙修纂：《東華續錄》，道光朝，載於十二朝東華錄，文海出版社，中華民國 52 年 9 月。

6. 世續等修纂：《大清德宗景（光緒）皇帝實錄》，台北，華文書局影印，中華民國 53 年。

7. 朱壽朋修纂：《光緒朝東華續錄》，台北，文海出版社影印，民國 52 年。

8. 《明清史料》，國立中央研究院歷史語言研究所史料叢書，中華民國 42 年 3 月，初版。

9. 馬齊等修纂：《大清聖祖仁（康熙）皇帝實錄》，台北，華文書局影印，民國 53 年。

10. 故宮博物院輯：《清光緒朝中日交涉史料》，台北，文海出版社影印，民國 52 年 5 月。

11. 馮用輯：《劉銘傳撫台前後檔案》，台灣銀行經濟研究室編印，台灣文獻叢刊第二七六種，民國 58 年 8 月。

12. 賈楨等修纂：《籌辦夷務始末》（咸豐朝），台北，文海出版社，中華民國 55 年 10 月影印。

13. 鄒世詒等編，嚴樹森修：《大清中外一統輿圖》，清同治二年湖北撫署景桓樓刊本，國立台灣大學總圖收藏。

14. 國立故宮博物院輯，《道咸同光四朝奏議七、八》，台北商務印書館影印，中華民國 59 年 6 月。

15. 慶桂等修纂：《大清高宗純（乾隆）皇帝實錄》，台北，華文書局影印，中華民國 53 年。

16. 寶鋆等修纂：《籌辦夷務始末（同治朝）》，台北，文海出版社，中華民國 55 年 10 月影印。

（二）書籍

1. 丁曰健：《治臺必告錄》，台灣銀行經濟研究室編印，台灣文獻叢刊第一七種，中華民國 48 年 7 月出版。

2. 丘宏達：《中國國際法問題論集》，台灣商務印書館，民國 57 年 12 月出版。

3. 王爾敏：《淮軍志》，台灣商務印書館，中華民國 56 年 11 月，初版。

4. ———：《晚清政治思想史論》，台北，華世出版社，中華民國 65 年 4 月，二版。

5. 王先謙編纂：《東華錄選錄》，台灣銀行經濟研究室編印，台灣文獻叢刊第二六二種，中華民國 50 年 2 月出版。

6. 左宗棠：《左文襄公全集》，台北，文海出版社，民國 53 年，據光緒十六年刊本影印。

7. 包遵彭、李定一、吳相湘編纂，中國近代史論叢第一輯第五冊《自強運動》，台北，正中書局印行，中華民國 45 年 12 月，初版。

8. 朱壽朋修纂:《光緒朝東華續錄選輯》,台灣銀行經濟研究室編印,台灣文獻叢刊第二七七種,中華民國 58 年 8 月出版。

9. 江丙坤:《台灣田賦改革事業之研究》,台灣銀行經濟研究室編印,台灣研究叢刊第一〇八種,中華民國 61 年 6 月出版。

10. 李定一:《中美早期外交史》,傳記文學出版社,中華民國 67 年 5 月 1 日,初版。

11. 李鴻章:《李文忠公全集》,文海出版社,中華民國 57 年影印。

12. 李國祁:《中國早期的鐵路經營》,中央研究院近代史研究所專刊,南港,中央研究院近代史研究所出版,中華民國 50 年 5 月。

13. 沈葆楨:《沈文肅公政書》,台北,文海出版社。(據光緒庚辰仲冬吳門節署刊本影印)。

14. ───:《福建台灣奏摺》,台灣銀行經濟研究室編印,台灣文獻叢刊第二十九種。中華民國 48 年 2 月出版。

15. 吳德功:《戴施兩案紀略》,台灣銀行經濟研究室編印,台灣文獻叢刊第四七種,中華民國 48 年 6 月出版。

16. 呂實強:《丁日昌與自強運動》,中央研究院近代史研究所專刊(90),南港,中央研究院近代史研究所出版,中華民國 61 年 12 月,初版。

17. 林豪修:《澎湖廳志》,台灣銀行經濟研究室編印,台灣文獻叢刊第一六四種,中華民國 52 年 6 月出版。

18. ───:《東瀛紀事》,台灣銀行經濟研究室編印,台灣文獻叢刊第八種,中華民國 46 年 12 月出版。

19. 林滿紅:《茶、糖、樟腦業與晚清台灣》,台灣銀行經濟研究室編印,台灣研究叢刊第一一五種,中華民國 67 年 5 月出版。

20. 林衡道監修,馮作民著作:《台灣歷史百講》,台北,青文出版社,中華民國 65 年 10 月,第四版。

21. 林子侯編著:《台灣涉外關係史》,嘉義,自刊本(台北,三民書局總經銷),中華民國 67 年 3 月初版。

22. 周憲文:《清代台灣經濟史》,台灣銀行經濟研究室編印,台灣研究叢刊第四五種,中華民國 46 年 3 月出版。

23. 金耀基：《從傳統到現代》，台北，時報文化出版事業有限公司，中華民國 68 年 2 月，增訂三版。

24. 周鍾瑄修：《諸羅縣志》，台灣銀行經濟研究室編印，台灣文獻叢刊第一四一種，中華民國 51 年 12 月出版。

25. 周蔭棠：《台灣郡縣建置志》，上海，正中書局，中華民國 34 年 5 月。

26. 洪棄生：《寄鶴齋選集》，台灣銀行經濟研究室編印，台灣文獻叢刊第三〇四種，中華民國 61 年 8 月出版。

27. 施琅：《靖海紀事》，台灣銀行經濟研究室編印，台灣文獻叢刊第 13 種，中華民國 47 年 2 月出版。

28. 范咸修纂：《重修台灣府志》，台灣銀行經濟研究室編印，台灣文獻叢刊第一〇五種，中華民國 50 年 11 月出版。

29. 洪棄生：《瀛海偕亡記》，台灣銀行經濟研究室編印，台灣文獻叢刊第五九種，中華民國 48 年 10 月出版。

30. 胡傳：《台灣日記與稟啟》，台北，台灣銀行經濟研究室編印，台灣文獻叢刊第七一種，中華民國 49 年 3 月出版。

31. 胥端甫：《劉銘傳史話》，台北，台灣商務印書館，中華民國 59 年 3 月，初版。

32. 馬若孟著，陳其南、陳秋坤編譯：《台灣農村社會經濟發展》，台北，牧童出版社，中華民國 68 年 2 月 10 日。

33. 孫毓棠：《中國近代史工業史資料第一輯》，文海出版社印行。

34. 夏獻綸：《台灣輿圖》，台灣銀行經濟研究室編印，台灣文獻叢刊第四五種，中華民國 48 年 8 月出版。

35. 高拱乾：《台灣府志》，台灣銀行經濟研究室編印，台灣文獻叢刊第六五種，中華民國 49 年 2 月出版。

36. 徐宗幹：《斯未信齋文編》，台灣銀行經濟研究室編印，台灣文獻叢刊第八七種，中華民國 49 年出版。

37. 黃嘉謨：《美國與台灣》，南港，中央研究院近代史研究所專刊（14），中華民國 55 年 2 月，初版。

38. ───:《甲午戰前之台灣煤務》,中央研究院近代史研究所專刊,南港,中央研究院近代史研究所出版,中華民國50年5月,初版。

39. 黃叔璥:《臺海使槎錄》,台灣銀行經濟研究室編印,臺灣文獻叢刊第四種,中華民國46年11月出版。

40. 許介鱗:《日本政治論》,台北,聯經出版事業公司,中華民國66年3月,初版。

41. 張炳楠監修、李汝和主修、張奮前整修:《台灣省通志、經濟志、交通篇》,台中,台灣省文獻委員會出版,中華民國58年6月30日。

42. 郭廷以編著:《近代史事日誌》,台北,中華民國52年3月,初版。

43. ───:《台灣史事概說》,台北,正中書局,中華民國64年2月,台六版。

44. 盛清沂主編,王詩琅、王世慶校訂:《台灣省開闢資料彙編》,台中,台灣省文獻委員會印行,中華民國61年7月出版。

45. 陳紹馨纂修:《台灣省通志稿》,卷二,人民志,人口篇,台北,台灣省文獻委員會,中華民國53年6月出版。

46. 傅宗懋:《清代督撫制度》,國立政治大學政治研究所叢刊第四種,中華民國52年6月出版。

47. 屠繼善修纂:《恒春縣志》,台灣銀行經濟研究室編印,台灣文獻叢刊第七五種,中華民國49年5月出版。

48. 莊練:《中國近代史上關鍵人物》,台北,四季出版社,中華民國68年1月,初版。

49. 《清史列傳》,台北,中華書局影印,中華民國51年3月臺1版。

50. 連雅堂:《台灣通史》,台北,古亭書屋影印,中華民國62年6月。

51. 盛康輯:《皇朝經世文編續編》,台北,文海出版社影印。

52. 張之洞:《張文襄公全集》,台北,文海出版社,民國59年3月。

53. 張世賢:《晚清治台政策(1874～1895)》,台北,私立東吳大學中國學術著作獎助委員會,中華民國67年6月出版。

54. 曾國藩:《曾文正公全集》,台北,文海出版社,據光緒二年刊本影印。

55. 曾汪祥:《台灣交通史》,台灣銀行經濟研究室編印,台灣文獻叢刊第三七種,中華民國 44 年 10 月出版。

56. 王曾才主編:《台灣史研究會紀錄》,國立台灣大學歷史系印行,中華民國 67 年 6 月出版。

57. 程家穎編輯:《台灣土地制度考察報告書》,台灣銀行經濟研究室編印,台灣文獻叢刊第一八四種,中華民國 52 年 11 月出版。

58. 彭明敏著兼發行人:《國際公法》,中華民國 51 年 1 月增訂三版。

59. 傅啟學:《中國外交史》,台灣,台灣商務印書館發行,中華民國 61 年 4 月改訂一版。

60. 葛士濬輯:《皇朝經世文續編》,台北,國風出版社,中華民國 53 年 6 月影印。

61. 台灣銀行經濟研究室編印:《台灣霧峰林氏族譜》,台灣文獻叢刊第二九八種,中華民國 60 年 12 月出版。

62. 楊家駱主編:《洋務運動文獻彙編》,台北,世界書局,民國 52 年 7 月。

63. ————:《新脩清季史三十九表》,台北,鼎文書局,中華民國 62 年 10 月初版。

64. 台灣銀行經濟研究室編印:《清德宗實錄選輯》,台灣文獻叢刊第一九三種,中華民國 53 年 9 月出版。

65. ————:《清季申報台灣紀事輯錄》第二冊,台灣文獻叢刊第二四七種,中華民國 57 年 8 月出版。

66. ————:《台灣海防檔》,台灣文獻叢刊第一一○種,中華民國 50 年 6 月出版。

67. 台灣銀行經濟研究室編印:《台灣史》,台中,台灣省文獻委員會出版,中華民國 66 年 4 月 30 日。

68. 台灣銀行經濟研究室編印:《馬關議和中之伊李問答》,台灣文獻叢刊第四三種,中華民國 48 年 6 月出版。

69. 台灣銀行經濟研究室編印:《同治甲戌日兵侵台始末》,台灣文獻叢刊第三八種,中華民國 48 年 4 月出版。

70. ───：《台灣番事物產與商務》，台灣文獻叢刊第四種，中華民國 49 年 10 月出版。

71. 蔡勇美、郭文雄編：《都市社會學發展之研究》，台北，巨流圖書公司，中華民國 68 年 5 月，一版二印。

72. Davidson, J. W.著，蔡啟恒譯：《台灣之過去與現在》，台灣銀行經濟研究室編印，台灣研究叢刊第一〇七種，中華民國 61 年出版。

73. 薛光前、朱建民主編：《近代的台灣》，台北，正中書局印行，中華民國 66 年 9 月，初版。

74. 劉振魯編著：《劉銘傳傳》，台灣先賢先烈專輯第六輯，台灣省文獻委員會編印，中華民國 68 年 6 月出版。

75. 趙爾巽等彙修：《清史稿》，民國 16 年。

76. 劉璈，《巡台退思錄》，台灣銀行經濟研究室編印，台灣文獻叢刊第二一種，民國 47 年 8 月出版。

77. 劉銘傳：《劉壯肅公奏議》，台灣銀行經濟研究室編印，台灣文獻叢刊第二七種，中華民國 47 年 10 月出版。

78. 鄭喜夫編著：《林朝棟傳》，台灣先賢先烈專輯第四輯，台中，台灣省文獻委員會編印，中華民國 68 年 4 月出版。

79. 鄭留芳：《美國對台灣的侵略》，世界知識社出版，1954。

80. 蕭一山：《清代通史》，台灣商務印書館，中華民國 52 年 2 月台初版。

81. 蔣師轍：《臺游日記》，台灣銀行經濟研究室編印，台灣文獻叢刊第六種，民國 46 年 12 月。

82. 蔣廷黻編：《近代中國外交史資料輯要》，台灣商務印書館發行，中華民國 40 年 5 月台一版。

83. 戴炎輝：《清代台灣之鄉治》，聯經出版事業公司，台灣研究叢刊，中華民國 68 年 7 月出版。

84. 諸家輯：《安平縣雜記》，台灣銀行經濟研究室編印，台灣文獻叢刊第五二種，民國 48 年 8 月。

85. 藍鼎元：《東征集》，台灣銀行經濟研究室編印，台灣文獻叢刊第一二種，民國 47 年 2 月。

86. 蕭正勝：《劉銘傳與台灣建設》，私立中國文化學院政治學研究所碩士論文，嘉新水泥公司文化基金會研究論文，第二六一種，中華民國 63 年 11 月出版。

87. 羅玉東著：《中國釐金史》，台北，文海出版社。

88. 羅大春：《台灣海防並開山日記》，台灣銀行經濟研究室編印，台灣文獻叢刊第三〇八種，民國 61 年 12 月。

89. 羅正鈞：《左文襄公年譜》，台北文海出版社，中華民國 56 年。

90. 丁日昌：《撫吳公牘》，台北，華文書局，據光緒丁丑年刊本影印。

91. 左宗棠：《左文襄公奏牘》，台灣銀行經濟研究室編印，台灣文獻叢刊第八八種，民國 49 年 10 月。

92. 翁佳音、黃驗合著：《解碼臺灣史 1550～1720》，遠流出版，2017 年 12 月 10 日，初版三刷。

93. 江樹生著：《檔案敘事——早期台灣史研究論文集》，國立台灣歷史博物館出版，2016 年 12 月。

94. 戴國煇著：《戴國煇全集——史學與台灣研究卷六》，遠流出版，2011 年 4 月。

95. 台灣銀行經濟研究室編印：《台灣兵備手抄》，台灣文獻叢刊第 222 種。

96. 張漢裕：《日據時代台灣經濟之演變》，台灣經濟史二集，台銀台灣研究叢刊第三二種。

97. Montgomery, P. H. S 作，謙洋譯：《1882～1891 年台灣台南海關報告書》，台灣經濟史六集，台灣銀行研究叢刊第五十四種。

98. Dr. Ludwing Riss 著，周學普譯：《台灣島史》，台灣銀行經濟研究室編印，台灣經濟史三集，台灣研究叢刊第三四種。

99. 王益滔：《光緒前台灣之土地制度與土地政策》，台灣經濟史十集，台灣銀行研究叢刊第九〇種。

100. 黃富三、曹永和主編：《台灣史論叢》，第一輯，台北，眾文圖書公司，中華民國 64 年 4 月。

（三）期刊

1. 方豪：〈台灣史研究的回顧與前瞻〉，《國立台灣大學三十週年校慶專刊》，中華民國 65 年 3 月。

2. ──：〈康熙五十三年測繪台灣地圖考〉，《台灣文獻專刊》，創刊號，中華民國 38 年 8 月 15 日。

3. ──：〈光緒甲午等年仗輪信稿所見之台灣行郊〉，《國立政治大學報》，第 24 期，1971。

4. ──：〈台南之『郊』〉，《大陸雜誌》第 4 卷，第 4 期，台北，1972。

5. ──：〈鹿港『郊』〉，《現代學苑》，第 9 卷，第 3 期，台北，1973。

6. ──：〈新竹之『郊』〉，《中國歷史學會史學集刊》，第 4 期，台北，1972。

7. ──：〈台灣之行郊研究導言與台北之『郊』〉，《東方雜誌總刊》，第 5 卷，第 12 期，台北，1972。

8. ──：〈澎湖、北港、新港、宜蘭之『郊』〉，《現代學苑》，第 9 卷，第 78 期，台北，1972。

9. 王詩琅：〈『牡丹社事件』日方資料〉，《台北文獻》，第 23、24 期，中華民國 62 年 6 月。

10. ──：〈清代中葉台灣的叛亂要點〉，載國立台灣大學考古人類學系編，《台灣研究研討會紀錄》，台北，中華民國 56 年 1 月。

11. 王文杰：〈十九世紀中國之自強運動（1862～95）〉，《福建文化》，福建協和大學中國文化研究院，第 3 卷第 2 期，中華民國 36 年 12 月。

12. 王金連：〈清代台灣的行政組織〉，《台灣文物》，第 4 卷第 1 期，中華民國 44 年 5 月。

13. 王世慶：〈台灣隘制考〉，《台灣文獻》，第 7 卷第 3、4 期，中華民國 45 年 12 月 27 日出版。

14. 王建竹：〈台灣建省年代與名稱之商榷〉，《台北文獻》，第 33 期，中華民國 67 年 7 月 5 日。

15. 史威廉、王世慶：〈林維源先生事蹟〉，《台灣風物》，第 24 卷第 4 期，中華民國 63 年 12 月 31 日。

16. ───：〈劉璈事蹟〉，《台北文獻》，直字第 33 期，中華民國 65 年。

17. 平山勳著，符同譯：〈台灣作擾史總論〉，《台灣銀行季刊》，第 10 卷，第 4 期，中華民國 48 年 6 月。

18. 全漢昇：〈甲午戰爭以前的中國工業化運動〉，《歷史語言研究所集刊》25 期，中央研究院歷史語言研究所出版。

19. 朱昌陵：〈劉銘傳與台灣近代化〉，《台灣文獻》，6 期，中華民國 52 年 12 月。

20. 庄司萬太郎著，賀嗣章譯：〈牡丹社之役與李善得之活躍〉，《台灣文獻》，第 10 卷，第 2 期，中華民國 48 年 6 月 27 日。

21. 李國祁：〈清代台灣社會的轉型〉，《中華學報》，第 10 期，中華民國 67 年。

22. ———：〈清季台灣的政治近代化——開山撫番與建省（1875～1894）〉，《中華文化復興月刊》，第 8 卷，第 12 期，中華民國 64 年 12 月。

23. 林滿紅：〈日據時代台灣經濟史研究之綜合評價〉，《史學評論》，第 1 期，中華民國 68 年 7 月。

24. ———：〈清末台灣與我國大陸之貿易型態比較（1860～1894）〉，《國立師範大學歷史學報》，第 6 期，中華民國 67 年 5 月。

25. ———：〈貿易與清末台灣的經濟社會變遷〉，《食貨》，復刊第九卷，第 4 期，中華民國 68 年 7 月 20 日。

26. 林衡立：〈撫墾〉，《文獻專刊》，第 4 卷，第 1、2 期合刊（劉銘傳特輯），台灣省文獻委員會出版，中華民國 42 年 8 月 27 日。

27. 胥端甫：〈劉銘傳年譜〉，林態祥主編，《文獻專刊》，第四卷，第 1、2 期合刊（劉銘傳特輯），台灣省文獻委員會出版中華民國 42 年 8 月 27 日。

28. 梁華璜：〈近代日本南進的序幕——中日戰爭與割讓台灣——〉，新加坡，《南洋大學學報》，第 2 期，1968 年。

29. ———：〈甲午戰爭前日本併合台灣的醞釀及其動機〉，《台灣文獻》，第 26 卷，第 2 期，中華民國 64 年 6 月 27 日出版。

30. 郭廷以：〈甲午戰前的台灣經營——沈葆楨、丁日昌與劉銘傳——〉，《大陸雜誌》，第 5 卷，第 9、10、11 期，中華民國 41 年 11～12 月，收錄於大陸雜誌史學叢書第一輯第七冊。

31. 陳紹馨：〈中國社會文化研究的實驗室——台灣〉，中央研究院民族學研究所，《民族學研究所集刊》第 22 期，中華民國 55 年秋季。

32. 陳世慶：〈交通建設〉，《文獻專刊》，第 4 卷，第 1、2 期合刊（劉銘傳特輯），中華民國 42 年 8 月 27 日。

33. 陳漢光：〈平法戰爭〉，《文獻專刊》，第 4 卷，第 1、2 期合刊（劉銘傳特輯），台灣省文獻委員會出版，中華民國 42 年 8 月 27 日。

34. ———：〈林本源家小史〉，《台灣風物》，第 15 卷第 3 期，中華民國 54 年 8 月 30 日。

35. 黃嘉謨：〈中國電線的關鍵〉，《大陸雜誌》，第 36 卷，第 6、7 期合刊，中華民國 57 年 4 月 15 日。

36. 黃得時：〈城內的沿革和台北城〉，《台北文獻》，第 4 期（城內及附郊特輯），中華民國 43 年 1 月。

37. 黃富三：〈台灣史上第一次土地改革〉，《中華文化復興月刊》，第 8 卷，第 12 期，民國 64 年 12 月 1 日。

38. ———：〈清代台灣土地問題〉，《食貨雜誌》，第 4 卷第 3 期，民國 63 年 6 月。

39. 張維朝：〈清代台灣民變迭起迅滅的因素〉，《台灣文獻》，第 15 卷，第 4 期，中華民國 53 年 12 月。

40. 張炎：〈清代台灣分類械鬥頻繁之主因〉，《台灣風物》，第廿四卷，第 4 期，台北，中華民國 63 年 12 月。

41. 賀嗣章：〈沈葆楨治台政績〉，《台灣文獻》，第 9 卷，第 4 期，中華民國 49 年 12 月 27 日。

42. ———：〈產業開發及教育設施〉，《文獻專刊》，第 4 卷，第 1、2 期合刊（劉銘傳特輯），中華民國 42 年 8 月 27 日。

43. 曾迺碩：〈清季大稻埕之茶葉〉，《台北文物》，第 5 卷，第 4 期，中華民國 46 年 6 月 30 日。

44. 連溫卿：〈台灣文化的特質〉，《台北文物》，3 卷，2 期，中華民國 43 年 8 月 20 日。

45. 楊聯陞：〈劍橋大學所藏怡和洋行中文檔案選註〉，《清華學報》，新一卷，第 3 期，台北清華學報社出版，中華民國 47 年 9 月。

46. 楊懋春：〈清末五十年的變法維新運動〉，《近代中國季刊》，第 3 期，中華民國 66 年 9 月。

47. 莊金德：〈清初禁海政策的實施及其影響〉，台灣大學《考古人類學刊》，第 28 期，中華民國 55 年。

48. 戴炎輝：〈清代台灣鄉莊之社會的考察〉，《台灣銀行季刊》，第 14 卷，第 4 期，中華民國 52 年 9 月。

49. ———：〈清代台灣之大小租業〉，《台北文獻》，第 4 期，民國 52 年 7 月。

50. ———：〈台灣大小租業及墾田關係（座談會）〉，《台灣文獻》，第 14 卷第 2 期，中華民國 52 年 7 月 1 日。

51. 謝延庚：〈李鴻章倡導洋務運動的背景〉，《中山學術文化集刊》，第十三集，中華民國 63 年。

52. J. M. Meskill 著，溫振華譯：〈霧峰林家——一個台灣士紳家族的興起〉，《台灣風物》，第 29 卷，第 4 期。

53. 《劉銘傳的日人幕賓名倉信淳》，《台灣文物》第 10 卷，第 2 期，民國 50 年 9 月。

（四）學位論文

1. 王其祥：《丁日昌研究》，香港珠海學院碩士論文，民國 64 年。

2. 王珂：《中法戰爭與台灣》，中國文化學院歷史研究所碩士論文，民國 65 年。

3. 李偉：《台灣建省經過及其影響之研究》，政治大學政治研究所碩士論文，民國 55 年。

4. 林清修：《海關總稅務司赫德對清季外交的影響（光緒元年至十二年）》，政治大學外交研究所碩士論文，民國 61 年。

5. 張世賢：《晚清治台政策》（同治十三年至光緒二十一年），政治大學政治研究所博士論文，民國 65 年。

6. 張炎憲：《清代治台政策之研究》，台灣大學歷史研究所碩士論文，民國 63 年。

7. 張勝彥：《台灣建省之研究》，台灣大學歷史研究所碩士論文，民國 61 年。

8. 黃富三：《劉銘傳清賦事業與土地改革研究》，台灣大學歷史研究所碩士論文，民國 65 年。

9. 黃純謙：《李仙德與台灣》，政治大學外交研究所碩士論文，民國 52 年。

10. 黃順進：《英國與台灣》（1839～1870），台灣大學政治研究所碩士論文，民國 65 年。

11. 蕭正勝：《劉銘傳與台灣建設》，中國文化學院政治研究所碩士論文，民國 59 年。

12. 林聖芬：《清代台灣之團練制度》，台灣大學歷史研究所碩士論文，民國 67 年 6 月。

二、外文部份

（一）書籍

1. 大藏省編：《明治大正財政史》，第 16 卷，日本昭和一五年。

2. 小野川秀美：《清末政治思想研究》，日本東京都，みすず書房，1975 年 4 月 30 日，第二刷印行。

3. 井出季太和著：《台灣治績志》，台北，台灣日新報社，日本昭和十二年二月發行。

4. 仁井田陞：《中國法制史研究——土地法、取引法》，東京大學出版，1960 年 8 月第一刷發行。

5. 立嘉度譯，本多政辰編：《蕃地所屬論》，日本明治七年。

6. 幼方直吉、遠山茂樹、田中正俊合編：《歷史像再構成の課題，歷史學の方法とアジア》東京，御茶の水書房，1969 年 7 月 15 日，第三刷。

7. 江丙坤：《台灣地租改正の研究》，東京，東京大學出版，1971 年。

8. 市古宙三：《近代中國の政治と社會》，東京大學出版會，1971 年 10 月 20 日發行。

9. 矢內原忠雄：《帝國主義下の台灣》，昭和十三年一月十五日第四刷本。

10. 伊能嘉矩：《台灣文化志》，東京，刀江書院，日本昭和三年。

11. ───：《台灣巡撫としての劉銘傳》，台北，新高堂書店，明治三十八年六月十日發行。

12. 村上玉吉：《台灣紀要》，東京，警眼社，明治三十二年二月出版。

13. 《社會科學大事典》，東京，株式會社鹿島研究所出版會，1972 年 1 月，第三刷。

14. 東嘉生：《台灣經濟史研究》，台北，日本出版配給株式會社台灣支店，1943 年 11 月初版。

15. 杵淵義房：《台灣社會事業史》，台北，盛進商事株式會社，日本昭和十五年四月三日。

16. 岩倉公舊蹟保存會編：《岩倉公實記》，東京，昭和二年七月十二日，再印。

17. 松下芳三郎：《台灣樟腦專賣志》，台灣總督府史料編纂委員，台北，1924。

18. 波多野善大：《中國近代工業史の研究》，東洋史研究叢刊之九，京都大學文學部內東洋史研究會出版，1961 年 5 月 10 日，第一版印刷。

19. 松井孝也編：《一億人の昭和史》（別冊）──日本殖民地史三（台灣），每日新聞社，1978 年（昭和五十三年）九月五日發行。

20. 持地六三郎：《台灣殖民政策》，東京富山房發行，明治四十五年七月初版，大正元年八月二十五日再版。

21. 涂照彥：《日本帝國主義下の台灣》，東京都，東京大學出版會，1975 年 6 月 30 日，初版。

22. 參謀本部編：《台灣誌》，明治二八年一月。

23. 細川嘉六：《細川嘉六著作集》，第二卷植民史，株式會社理論社，東京 1972 年第一刷。

24. 許介鱗：《日本と中國における初期立憲思想の比較研究──とくに加藤弘之と康有為の政治思想的比較を中心にして》，東京國家學會雜誌第 83 卷第 5～12 號，第 84 卷第 1～2 號（1970～1971 年）收錄本，國家學會事務所發行。

25. 《明治文化全集，外交篇》，日本評論社，1928 年 1 月初版。

26. 台灣總督府鐵道部：《台灣鐵道史》第一部，東京，1910 年。

27. 台灣總督府編：《台灣教育誌》，1918 年。

28. 台灣總督官房文書課：《台灣總督府第五統計書》，台灣日日新報社，明治三十六年七月三日發行。

29. 衛藤瀋吉：《近代中國政治史研究》，東京大學出版會發行，1975 年 6 月 30 日，第三版。

30. 戴國煇：《中國甘蔗糖業の展開，アジア經濟調查研究雙書第一二九集》，アジア經濟研究所出版，1969 年。

31. 臨時台灣土地調查局：《清賦一斑》，日本明治三十三年十二月二十八日發行。

32. 臨時台灣舊慣調查會：《第二部調查經濟資料報告》，東京，明治三十八年三月（1905 年）。

33. 謝銘仁：《台灣社會文化史論》，日本，大版，浪速社，1972 年九月。

34. 《コンサイス人名辭典（外國篇）》，三省堂編修所編，日本昭和五十一年三月二十日，初版發。

35. British Parliamentary Papers; Embassy and Consular Commercial Reports, Irish University Press, Area Studies Series, China: Vol. 8～19, 39.

36. Carrington, George Williams, Foreigners in Formosa 1841～1874 （Oxford: University of Oxford, 1973）.

37. Chang, Chung-Li, The Chinese Gentry: Studies on Their Role in Nineteenth-Century Chinese Society（Seattle: University of Washington Press, 1955）.

38. Davidson, J. W., The Island of Formosa: Past and Present（New York, 1903）.

39. Feuerwerker, Albert, China's Early Industrialization: Sheng Hsuan-huai （1844～1916）and Mandarin Enterprise（Cambridge, 1958）.

40. Gordon, Leonard H. D.,（ed.）, Taiwan: Studies in Chinese Local History （New York. Columbia University Press, 1970）.

41. Gooddard, W. G., Formosa: A study in Chinese history（Macmillan, 1966）.

42. Hu, Hua-ling Wang, American Diplamatic and Commercial Relation with Taiwan up to 1872.（The Thesis （Ph. D.）—Boulder University of Colorado 1971）.

43. Hsiao, Kung-Chuan, Rural China: Imperial Control in the Nineteenth Century（Seattle, 1960）.

44. Meskill, Johanna M., A Chinese Pioneer Family: The Lins of Wu-feng, Taiwan, 1729～1895（Princeton: Princeton University Press, 1979）.

45. Fairbank, J. K., Trade and Diplomacy in the China Coast: 1842～1854（Cambridge, Massachusetts: Harvard University Press, 1953）.

46. Sophia, Su-fei Yen, Taiwan in China's Foreign Relations, 1836～1874（Hamden Connecticut: The Shoe String Press, INC, 1965）.

47. Spector, Stanley, Li Hung-Chang and the Huai Army: A Study in Nineteenth-Century Chinese Regionalism（Seattle, 1964）.

48. Speidel, William M., Liu Ming-Chuan in Taiwan, 1884～1891（Yale University dissertation, 1967）.

49. Weber, Max, The Religion of China: Confuciainsm and Taoism（New York: The Free Press, 1968）.

50. Wright, Mary C., The Last Stand of Chinese Conservatism: The Tung-Chih Restoration, 1862～1874（Standford, 1957）.

（二）期刊

1. エドウイン・O・ライシャワ（Edwin O. Reischauer）:〈日本と中國の近代化〉,《中央公論》, 1963 年 3 月號。

2. 庄司萬太郎:〈明治七年征台之役に於けるルジャンドル將軍の活躍〉,《台灣帝國大學文政學學部史學科研究年報》, 二輯, 昭和十年（1935 年）。

3. 村上勝彥:〈帝國主義成立期における植民地支配の經濟構造上抵抗主體形成の基礎過程——植民地鐵道建設——台灣縱貫鐵道建設と植民地的經濟再編——〉,《歷史研究別冊特集》, 東京, 1975 年, 11 月號。

4. 林正子:〈上野專一——日清戰爭前の台灣認識の先驅者——〉,《台灣近現代史研究》, 台灣近現代史研究會編, 第二號, 東京, 龍溪書舍, 1979 年 8 月 30 日。

5. 松永正義:〈台灣領有論の系譜——1874（明治七年）の台灣出兵を中心に——〉,台灣近現代史研究會編,《台灣近代現代史》,創刊號,東京,龍溪書舍,1978 年 4 月 30 日。

6. 梅陰生:〈劉銘傳の半面〉,《台灣慣習記事》第 5 卷 12 月 13 日,明治三十八年 12 月 13 日。

7. 張勝彥:〈清代台灣省について〉,《東洋史研究》,第三十四卷第三號,昭和 50 年 12 月發行。

8. 蕉鹿夢:〈劉巡撫末路史評〉,《台灣時報》,第 90 號,東洋協會台灣分會編,大正六年 3 月 15 日。

9. ———:〈近代の清朝を背景とする劉銘傳の公生涯竝に其逸事（一）、（二）、（三）〉,《台灣時報》大正十二年三月、四月、七月號。

10. 戴國煇:〈清末台灣の一考察——日本による台灣統治の史的理解と關連して〉,《日本法とアジア,仁井田陞博士追悼論文集》第三卷,勁草書房,1970 年 5 月 30 日第一刷發行。

11. ——:〈台灣略史〉,《高級教育社會科資料》第八期,1971 年 10 月,收錄於戴國煇:《日本人とアジア》,東京,新人物往來社,1973 年 10 月 15 日,初版發行。

12. Chu, Samuel C, "Liu Ming-Ch'aun and Modernizatgion of Taiwan", The Journal of Asian Studies, No. 1, Vol. 23,（1963）, PP.37～53.

13. Colquhoun, A. R. and Stewart-Lockhart J. H., "A Sketch of Formosa, China Review, Vol. XIII（July 1884 to June 1885）, PP. 161～207.

14. David Pong, "Confucian Patriatism and the Destruction of the Woosung Railway 1877", Modern Asian Studies, Vol. 7,（1973）.

15. Gordon, Leonard, "Japan's Abortive Colonial Venture in Taiwan", The Journal of Modern History, No. 2, Vol. 37,（6, 1965）, PP.171～185.

16. Huang, Hsiao-ping, "The Conflict Between Liu Ao & Liu Ming-Ch'uan and the Sino-French War in Taiwan", Historical Research（師大歷史學報）No. 1,（1973）, PP. 277～288.

17. Lamley, Harry J., "Chinese Gentry Holdovers and the New Gentry: The Case of Taiwan", David C. Buzbaum and Frederiok W. Mote, （eds）, Transition and Permanence: Chinese History and Culture: A Festschrift of Dr. Hsiao Kung-Ch'uan（Hong Kong, 1972）, PP. 187～202.

18. Lockwood, William W., "Japan's Response to the West: the Contrast with China", World Politics, No. 1, Vol. 1X（Oct, 1956）, PP. 37～54.

19. Myers, Ramon H., "Taiwan under Ching Imperial Rule, 1684～1895: The Traditional Society", The Journal of the Institute of Chinese Studies of the University of Hong Kong, No. 2, Vol. 5, 1972, PP.413～449.

20. ───,"Taiwan under Ch'ing Imperial Rule, 1684～1895: The Traditional Economy", The Journal of the Institute of Chinese Studies of the University of Hong Kong, No.2, Vol.5（1972）, PP. 373～409.

21. ───,"Taiwan under Ch'ing Imperial Rule, 1684～1895: The Traditional order", The Journal of the Institute of Chinese Studies of the University of Hong Kong, No.2, Vol. IV,（1971） PP. 495～520.

22. ─── ,"The Research of the Commissionis for the Investigation of Traditional Customs in Taiwan", Ch'ing-shih Wen-ti, No. 6, Vol. 11（June, 1971）, PP.24～44.

23. Phillips, G. "Notes on the Dutch Occupation of Formosa", China Review, Vol.10, 1881～1882.

24. Playfair, G. M. H, "A Pasquinade from Formosa", China Review XV11（1888～89）, PP.131～133.

25. Speidel, William M., "Comments on the study of Pre～1895 Taiwan", Ching-shih Wen-ti, No.2, Vol.1（1965）, PP.7～10.

26. ───, "The Administrative and Fiscal Reforms of Liu Ming-Ch'uan in Taiwan, 1884～1891. Foundation for self-strengthen", The Journal of Asian Studies, No. 3, Vol. xxxv（May, 1976）PP. 441～459.

27. Steere, J. B., "The Aborigines of Formosa", China Review, Vol. III（July 1874 to June 1875）, PP. 181～184.